河南财经政法大学统计与大数据学院论

U0593128

　　本书得到教育部基地重大项目"经济政策宏观及其应用研究——以我国财政改革政策模拟评价为例"（13JJD790018）；国家社会科学基金一般项目"我国税收改革政策宏观效果的统计测度与评价研究"（15BTJ010）；国家社会科学基金青年项目"我国碳排放治理政策产业动态效应测度与评价研究"（19CTJ016）的资助，同时，得到河南省高等学校人文社会科学重点研究基地"河南教育统计研究中心"和刘定平教授"中原千人计划"专项的资助，特此表示感谢。

Statistical measurment for dynamic industrial effect of macroeconomic policy in China

我国宏观经济政策动态产业效应的统计测度

牛永青 ／ 著

经济管理出版社
ECONOMY & MANAGEMENT PUBLISHING HOUSE

图书在版编目（CIP）数据

我国宏观经济政策动态产业效应的统计测度/牛永青著 . —北京：经济管理出版社，2020. 8

ISBN 978-7-5096-7351-5

Ⅰ . ①我…　Ⅱ . ①牛…　Ⅲ . ①宏观经济—经济政策—影响—产业发展—研究—中国　Ⅳ . ①F269. 2

中国版本图书馆 CIP 数据核字（2020）第 146667 号

组稿编辑：杨　雪
责任编辑：杨　雪　　王莉莉　　陈艺莹
责任印制：黄章平
责任校对：董杉珊

出版发行：经济管理出版社
　　　　　（北京市海淀区北蜂窝 8 号中雅大厦 A 座 11 层　　100038）
网　　　址：www. E-mp. com. cn
电　　　话：（010）51915602
印　　　刷：三河市延风印装有限公司
经　　　销：新华书店
开　　　本：720mm×1000mm/16
印　　　张：11. 5
字　　　数：165 千字
版　　　次：2020 年 8 月第 1 版　　2020 年 8 月第 1 次印刷
书　　　号：ISBN 978-7-5096-7351-5
定　　　价：56. 00 元

·版权所有　翻印必究·

凡购本社图书，如有印装错误，由本社读者服务部负责调换。

联系地址：北京阜外月坛北小街 2 号

电话：（010）68022974　　邮编：100836

前 言

　　产业结构调整是国内外经济发展的热点研究课题之一，不仅从宏观方面反映了经济增长方式，还从微观方面联系着居民就业与可支配收入增长，是我国"供给侧结构性改革"重要战略的核心内容。2017年10月18日，习近平总书记在中国共产党第十九次全国代表大会上明确指出，要"着力加快建设实体经济、科技创新、现代金融、人力资源协同发展的产业体系"，为当前及今后一个时期我国现代产业体系建设与发展规划了明确的战略目标。在当前国内外复杂形势下，如何通过供给侧结构性改革推进现代产业体系建设，成为理论政策研究的热点。其中，鉴于相关改革政策对产业结构的影响涉及资源配置与利益调整，因此，如何量化测度相关政策影响的产业效应，引发了理论政策研究的高度关注。基于产业化改进的 DSGE 模型有效地将产业结构调整微观机制纳入了一般均衡逻辑框架，为宏观经济动态产业效应测度提供了理论方法，本书旨在提出这种理论方法，并基于经验数据给出实证测度。

　　本书由六章组成。第一章为导论，介绍研究背景与主题，梳理相关文献并提出研究目标，给出研究思路、方法与框架，以及主要创新性工作。第二章为 DSGE 模型构建的理论方法基础，解读经典的新凯恩斯 CEE-SW 模型框架，这也是本书产业化改进 DSGE 模型的理论基础结构，同时本书梳理了模型对数线性化方法、介绍了模型参数贝叶斯估计方法，以及基于应用的 DSGE 模型理论扩展内容等。第三章是对 DSGE 理论框架产业化改进的构建研究，基于 CEE-SW 经典设定，对居民、厂商和政府行为选择进行刻画，重点突出对产业差异性的划分。基于生产技术产业划分，在一般均衡逻辑框架下，给出居民在对应产业下消费、就业、投资、资本形成的差异性行为，最终产品供给、中间产品生产与要素价格形成，以及政府行为的动态一般均衡机制。第四章是 DSGE 模型中国产业化构建研究，将理论方程组用对数线性化形式逼近，基于中国数据对对数线性化模型进行估计和测度，完成中国产业化经验数据特征转换，搭建可动态模拟中国产业经济运行的数据仿真平台。第五章是宏观经济动态产业效应测度，以数据仿真平台为载体，基于三次产业下重要经济变量对外生冲击的脉冲响应和方差分解，给出宏观经济动态产业效应的经验测度。第六章给出基本结论和研究展望。

本书力图在以下三个方面开展创新性工作：

第一，推进产业效应测度方法研究的工作。国内外大量相关文献，侧重于政府干预产业的必要性研究，通常选择一些与产业政策相关的因素作为解释或控制变量，采用 VAR 模型或面板数据模型，考察产业政策的经济影响效应。但其缺失一般的经济系统运行框架，难以考察政策在系统运行中的经济效应，与现实存在偏差。本书基于经典动态随机一般均衡框架（DSGE），提出产业化扩展的改进方法，为测度各产业面对宏观经济运行中的基本面和相关政策的动态变化，产生的相应响应，提供新的理论方法及技术运行平台。

第二，构建产业化 DSGE 模型的中国数据平台。本书在对数线性化模型系统内结合重要经济变量的实际数据，采用统计理论方法，完成中国产业化经验数据特征转换，搭建了可动态模拟中国产业经济运行的数据仿真平台。

第三，研究发现中国宏观经济动态产业效应的一些重要结论。本书在模拟宏观经济动态产业效应时发现，虽然各产业对部分基本面和政策变化存在一定的共动性响应，但对另外一些基本面和政策变化，各产业间则存在较大差异性响应，其为产业结构调整提供了重要依据。

　　本书的出版得到了河南省高等学校人文社会科学重点研究基地"河南省教育统计研究中心"、河南财经政法大学统计与大数据学院和经济管理出版社的支持，一并致谢！由于笔者学识水平有限，虽尽心尽力工作，但书中仍可能存在不当或错误之处，恳请读者批评指正。

牛永青

2019 年 12 月 15 日

目　录

导　论

　　产业结构调整是国内外经济发展的热点研究课题之一，不仅从宏观方面反映了经济增长方式，还从微观方面联系着居民就业与可支配收入增长，是我国"供给侧结构性改革"重要战略的核心内容。2017 年 10 月 18日，习近平总书记在中国共产党第十九次全国代表大会上明确指出，要"着力加快建设实体经济、科技创新、现代金融、人力资源协同发展的产业体系"，为当前及今后一个时期我国现代产业体系建设与发展规划了明确的战略目标。在当前国内外复杂形势下，如何通过供给侧结构性改革推进现代产业体系建设，成为理论政策研究的热点。其中，鉴于相关改革政策对产业结构的影响涉及资源配置与利益调整，因此，如何量化测度相关政策影响的产业效应，引发了理论政策研究的高度关注。20 世纪 80 年代，在计算机技术进步的支撑下，模拟经济运行的动态随机一般均衡模型（Dynamic Stochastic General Equilibrium，DSGE）迅速发展起来。其通过构建相应的理论模型，可以从系统变量对各类因素的冲击响应来检验测度政策的有效性。基于产业化改进的 DSGE 模型有效地将产业结构调整微观机制纳入一般均衡逻辑框架，为测度宏观经济动态产业效应提供了理论方法，本书旨在提出这种理论方法，并基于经验数据给出实证测度。

　　作为本书的研究导论，接下来将介绍研究背景与主题，梳理已有经济政策动态产业效应测度相关文献，提出 DSGE 理论模型可为政策产业效应模拟测度提供理论与技术运行平台，给出本书的基本研究思路、方法与框架，以及主要创新性工作。

第一节　研究背景与主题

一、研究背景

自 2008 年以来，受全球金融危机和欧洲债务危机的影响，世界经济面临严峻考验，我国经济由高速增长转为中高速增长，进入新常态时期。然而，我国经济仍处于长周期波动的下行期，结构性失衡严重。在周期性和结构性因素的双重影响下，经济增长出现减速趋势，我国经济进入增长速度换挡期、结构调整阵痛期和前期刺激政策消化期的"三期叠加"阶段。在此背景下，我国适时提出了"供给侧结构性改革"的战略举措，旨在调整经济结构，使要素实现最优配置，提升经济增长的质量和数量。

2015 年 11 月 10 日，习总书记在中央财经领导小组第十一次会议上强调，"在适度扩大总需求的同时，要着力加强供给侧结构性改革"。此后，总书记多次在不同场合围绕"供给侧结构性改革"发表重要论述。2016 年 1 月 27 日，习总书记在中央财经领导小组第十二次会议上再次提出研究供给侧结构性改革方案；2017 年 10 月 18 日，习总书记在党的十九大报告中再次指出，要深化供给侧结构性改革。供给侧结构性改革旨在调整经济结构，使要素实现最优配置，是建设现代化经济体系、形成新增长动能的重要战略。近年来，我国推行了"三去一降一补"政策，即去产能、去库存、去杠杆、降成本、补短板，以此为重点内容开展了多项工作，并取得了积极的市场效应。"我国经济已由高速增长阶段转向高质量发展阶段，正处在转变发展方式、优化经济结构、转换增长动力的攻关期。"习总书记在党的十九大报告中做出这一判断，与我国社会经济发展进入新常态内涵是一致的。习总书记进一步提出，"着力加快建设实体经济、科技创新、现代金融、人力资源协同发展的产业体系"，为当前及今后一个时期我国现代产业体系建设与发展规划明确了战略目标。在当前国内外复杂形势下，如何通过供给侧结构性改革推进现代产业体系建设，已经成为理论政策的研究热点。其中，鉴于相关改革政策对产业结构的影响涉及资源配置与利益调整，因此，如何量化测度相关政策影响的产业效应，引发了理论政策研究的高度关注，其也是本书研究工作的着力点。

20世纪80年代，在计算机技术进步的支撑下，模拟经济运行的动态随机一般均衡模型迅速发展起来。与传统宏观经济计量模型相比，该方法在一般均衡逻辑框架中纳入动态优化理论、理性预期形成和外生随机冲击过程，有效地突破了卢卡斯批判。该模型假设微观经济主体是具有跨期优化选择的理性行为人，其在资源、技术、信息以及体制等约束下利用动态优化的方法得到最优行为方程。经济系统中的不确定性通过引入外生随机过程来刻画，给予模型动态和随机的特征。在一般均衡的逻辑框架下，通过微观加总的方法得到整个宏观经济部门在不确定性环境下的行为刻画，通过政策规则的内置描述政府部门的行为决策变化。因此，模型能在坚实的微观基础上有效地刻画各经济主体的行为选择过程，并通过经济主体之间的行为联系模拟整个经济系统重要变量的优化路径，从而为模拟经济系统演化过程奠定了理论基础，为宏观经济动态效应分析提供了可行的理论方法。同时，其具有的坚实微观基础的显性建模框架也为生产部门产业化改进预置了放松和修订的空间，能够在动态一般均衡的逻辑框架下囊括市场机制、微观主体、宏观调控和产业结构内容，为测度宏观经济动态产业效应提供了理论基础，对于分析经济结构运行从而为经济政策的制订提供依据。

二、研究主题

宏观经济动态产业效应是指宏观经济的动态变化（包括环境变化、政

策变化、经济基本面的投资、就业和价格变化等）对资源配置和产业结构
调整的影响。宏观经济动态变化会通过对各产业部门间生产要素的流动进
行重新配置，从而影响相关产业的供需结构，引导不同产业之间的相对变
迁，实现产业结构调整的持续推进。产业结构调整是国内外经济发展的热
点研究课题之一，不仅从宏观方面反映了经济增长方式，还从微观方面联
系着居民就业与可支配收入增长，是我国"供给侧结构性改革"重要战略
的核心内容。产业结构调整反映了国民经济中全部资源在各产业部门之间
分布比例关系的变化。正如马克思所言，产业结构调整实际上就是这样的
一个过程："资本被从利润较低的部门抽走，投入到利润较高的其他部门。
通过这种不断的流出和流入，换言之，通过资本在不同部门之间根据利润
流的升降进行的分配，供求之间就会形成这样一种比例，以致不同的生产
部门都有相同的平均利润，因而价值也就转化为生产价格。"① 生产者依据
成本收益分析组织生产，产品在满足消费者需求的条件下被销售出去，进
而带来利润。可见，考察产业结构调整全过程，既要分析生产者供给决
策，还要分析消费者需求决策，而这恰好是 DSGE 模型对微观经济主体进
行理性行为决策分析最突出的特色。尽管 DSGE 模型是对现实宏观经济世
界的高度抽象和简化，但它直观地反映了价格对生产要素配置，进而对产
业结构调整的核心作用。基于产业化改进的 DSGE 模型可有效地将市场机
制、微观主体、宏观调控和产业结构内容纳入动态一般均衡逻辑框架，为
测度宏观经济动态产业效应提供了理论基础，本书旨在提出相应理论方
法，并将其应用于实证测度，这也是本书的研究主题。

第二节　相关文献综述与评析

国内外关于动态产业效应测度的相关文献主要是基于传统的计量经济

---

① 马克思，恩格斯. 马克思恩格斯全集（第二十五卷）[M]. 北京：人民出版社，1974.

模型展开的，侧重于政府干预产业的必要性研究，通常选择一些与产业政策相关的因素作为解释或控制变量，采用 VAR 模型或面板数据模型等，考察产业政策的经济影响效应。本书从理论基础和模型选择等方面对其展开评述，提出 DSGE 理论模型可为政策效应模拟测度提供理论与技术运行平台，之后提出本书的研究目标。

一、基于计量模型的动态产业效应测度

目前关于产业效应测度的文献多是针对政策变化对产业的影响，如财政政策和货币政策等，财政政策又因政策工具的不同在财政支出和税收政策等方面展开研究，而货币政策方面则多表现为其产业效应的非对称性研究。

1. 财政支出的产业效应测度

政府财政支出通过对支出项目和支出结构的有意安排，不仅可以通过直接投资对产业发展产生影响，还可以通过间接示范效应引导各类经济主体的投资决策，进而影响资本配置和产业发展。基于对政府财政支出类型、注资程度、影响周期和时滞等方面的考虑，学者们认为，财政支出对产业结构优化和升级具有双面特性（杨晓峰，2006），既可以推进资本要素的优化配置，从而推进产业结构优化（Hamberg，1996；Feldman & Kelley，2006；Lichtenberg，2008；杨大楷、孙敏，2009；赵文哲、周业安，2009；王保滔等，2014；肖卫国、刘杰，2014；严成樑等，2016；王检等，2016），又可能进一步加深产业结构调整的扭曲与失衡（王宏利，2009；于力、胡燕京，2011；安苑、王珺，2012；储德银、建克成，2014；尚晓贺、陶江，2015；刘建民、杨华，2015）。

郭杰（2004）运用简单的线性回归模型拟合了各产业产值与政府支出的相关性，认为政府投资对产业发展的影响起首要作用。菫万好和刘兰娟（2012）基于 CGE 模型模拟了财政科教支出对各产业就业和增加值的影响，结果显示：财政科教支出对就业具有显著正向作用，且有助于推动产

业结构转型。石奇和孔群喜（2012）基于误差修正模型考察了我国 1979~2008 年政府生产性公共支出对三次产业生产要素积累产生的影响，发现公共支出的增加能够起到改善经济结构、优化资源配置的作用，并通过"租金"创造机制诱导特定产业的发展，能够提升产业结构。陈立泰等（2012）利用中国 1990~2010 年 28 个省份的数据，通过构建动态面板数据模型，检验了财政支出对服务业发展的影响，结果显示：财政支出对服务业发展具有正向作用，且在区域层面具有不同的作用弹性。刘兰娟等（2013）基于 CGE 模型模拟了财政科技投入对各产业劳动报酬、增加值、就业等经济指标的变化，结果发现：科技投入对于产业结构重心向第三产业转移具有明显影响。王保滔等（2014）通过回归分析和脉冲响应函数检验，分析了财政支出对产业结构优化的影响机制，结果表明：财政支出对产业结构优化具有明显的促进作用。肖卫国和刘杰（2014）利用经济效率模型，基于 2005~2011 年的面板数据，检验了地方财政支出对文化产业发展的空间溢出效应，结果显示：财政投入不仅可以促进本省文化产业的发展，还可以通过空间溢出效应对邻省产业发展起到促进作用。严成樑等（2016）通过构建一个包含生产性财政支出和福利性财政支出的产业结构模型，考察了财政支出影响产业结构变迁的作用机理和影响效果，研究表明：财政支出是产业结构变迁的重要驱动力。

也有不少研究指出财政支出可能不利于产业结构的调整与升级。安棋和王久云（2013）使用中国 2007~2011 年 31 个省份面板数据构建了非线性动态面板门限回归模型，研究了财政支出对交通产业经济增长的门槛效应，结果表明：交通产业财政支出对交通产业经济增长的影响具有显著的门槛效应，且地区经济发展水平的门槛效应更为突出。刘建民和杨华（2015）基于 2002~2012 年湖南省 13 个市的相关面板数据，利用动态系统广义矩估计（GMM）方法，实证分析了湖南省财政支出与产业转型升级之间的关系，结果发现：财政支出结构与产业转型升级存在着显著的负相关关系，在一定程度上不利于产业转型升级。尚晓贺和陶江（2015）利用 1995~2013 年我国 30 个省份的面板数据，实证分析了地方财政支出、地方财政科技支出和银行信贷对产业结构转型的影响，结果发现：地方财政支出在总体上不利于第三产业和高技术产业的发展。贾敬全和殷李松（2015）以安徽省为例，利用空间计量经济学建模技术，构建了财政支出—产业结构的空间杜宾模型（SDM），实证分析了财政支出在产业升级方面的各种效应，发现财政支出对产业结构升级存在负面效应，应遵循"区位定向诱导"原则，抑制负面效应。林立达（2015）构建地理空间经济权重矩阵测度了产业发展的空间经济关联度，并以此为基础，通过截距和斜率变化虚拟变量模型深入剖析了产业发展政策效应及其影响因素，结果表明：财政支出对产业发展的贡献力不大，且具有强约束性。

2. 税收政策的产业效应测度

国内外税收政策产业效应的研究较为成熟，但更多地集中在某个税种的效应分析上。国内税收收入产业调节方面的研究成果虽然很丰富，但大部分依然停留在理论分析和政策比较层面，实证分析方法相对较少，且多建立在线性相关和参数同质性的假设前提上。国内关于税收政策的产业效应也根据研究内容的不同得出了不同的结论。

许永现（1990）指出，税收杠杆对产品资源结构的调节体现在对税种、税目、税率及减免税等具体手段的综合运用上，使用税收杠杆在调节产品结构时具有必要的灵活性。李文（2006）认为，税收政策能够改变需求结构，进而影响供给结构，最终改变产业结构。戴罗仙和黄娜（2007）提出实行间接优惠为主、产业优惠为主的产业导向型税收优惠政策，实现内外资企业产业优惠政策的一致性，对于促进我国产业结构的优化升级具有重要意义。万莹和史忠良（2009）利用2007年统计数据，实证分析了中国各地区间税收的负担率与产业结构的相关性，得出在现行税制下第三产业的发展与税收增长之间存在显著正相关性的结论。张斌（2011）运用向量自回归模型，通过残差分析、脉冲响应分析和方差分解分析研究了我国财政政策对传统产业、新兴产业和落后产业的动态冲击影响，发现财政政策对这三类产业的影响都比较显著，且在中长期是有效的。贾莎（2012）实证测算了1979~1993年和1994~2009年两个时期税收超速增长中产业结构变迁的贡献以及各产业自身税负率变动的贡献，发现第二、第三产业税负率的提升是我国税收超速增长的主要原因。姚凤民和文生超（2014）通过计量分析广东省第三产业总产值与税收收入之间的关系，发现税收收入与产业产值之间存在着显著的正相关关系。胡小梅（2016）选取 2000~2014 年中国省级面板数据，基于门槛估计方法，分别考察了财政收入总量、结构，以及税制结构和具体税类对产业结构升级的门槛效应，提出了财税体系促进产业结构升级的政策建议。修国义等（2017）选取 2000~2014 年我国电子通信设备制造业的数据，从税收优惠、政策性融资、政府研发补贴投入三个角度出发，运用状态空间模型与弹性系数分析方法研究了三种政策支持方式对电子通信设备制造业的影响程度。

也有大量研究认为税收政策可能对产业调整具有负向影响。刘蓉（2005）指出，税收存在高成本、资源配置效率低下，以及削弱非受惠人的竞争地位等负面作用，应当修正税收优惠制度使其负面作用局限在合理限度内，或者建立税式支出制度以提高管理效率，或者从财税制度设计方面杜绝税收优惠嬗变为财政返还的扭曲行为。武少苓（2011）选取增值税、营业税和消费税三大税种作为研究对象，分析了税收与三次产业之间的相互影响，发现第三产业的不断壮大可能会降低增值税的增长速度，营业税对第二产业具有微弱的制约作用，而消费税对第三产业的促进作用并未明确显现。张同斌和高铁梅（2012）通过构建高新技术产业的可计算一般均衡（CGE）模型，考察了财政激励政策和税收优惠政策对高新技术产业发展和对产业结构调整的影响，结果发现，税收优惠政策在促进产业结构调整方面的效果并不显著。李悦诚和林艳（2013）以青岛产业结构和税负结构的分析为基础，提出我国现行税制与产业结构调整具有不相适应性。陈平（2016）利用广东省 2007~2015 年的税收相关数据，对其重点税源产业结构调整与税收增长的协调关系进行了实证分析，结果发现，工业与建筑业的结构调整与税收增长呈负相关关系。谢贞发等（2016）利用 1994~2011 年全国地市级政府的税收分成数据对其相应产业的规模及结构变化进行了实证检验，发现营业税的高分成抑制了第二产业的发展。

3. 货币政策的产业效应测度

货币政策的产业效应多集中在货币政策的产业非对称性影响。国外早期对货币政策产业效应的非对称性展开了诸多研究。Bernanke 和 Gertler（1995）将产出划分成耐用品消费、非耐用品消费、居民投资和商业投资四部分，从信贷传导机制的角度运用 VAR 模型研究了货币政策对不同产业的影响，结果证实了非均衡性的存在。Ganley 和 Salmon（1997）实证检验了美国 24 个行业是否也存在这种非对称效应。在实证研究中所用的数据区间为 1970~1995 年，并且以利率的变动代表货币政策的变动。最后研究得出对利率变动敏感度最高的行业为建筑业、制造业和服务业，敏感度最低的为农业的结论。Hayo 和 Uhlenbrock（1999）基于 1978~1994 年的月度数据建立 VAR 模型，对德国制造业内的行业非对称效应进行了实证研究，并考虑了不同政策时期（扩张/紧缩）的状况。研究发现：在紧缩性政策时期，产生明显负反应的有 5 个行业而正反应的为 8 个；在扩张性货币政策时期，反应显著的行业明显少于紧缩性政策时期。Raddatz 和 Rigobon（2003）研究了美国货币政策的产业效应，结果表明：货币政策在不同产业间存在着非对称效应，并且相对于对利率不敏感的行业，对利率敏感的行业具有更大的周期性波动。Dedola 和 Lippi（2005）较早地将面板数据模型运用到货币政策行业的非对称性研究中，研究了德国、法国、英国、美国和意大利 5 国的 21 个制造业。研究表明：在相同的货币政策冲击下，反应程度最大的为汽车制造业、反应程度最小的为食品制造业。Georgopoulos 和 Hejazi（2009）基于加拿大 1988~2003 年的季度数据，研究了利率对不同行业产出的差异性影响，结果表明：加拿大货币政策存在着明显的行业效应，这种行业差异性效应主要是货币政策通过利率渠道和信用渠道形成的。Tena 和 Tremayne（2009）使用非线性的门槛向量自回归模型研究了货币政策对英国产业产出的非对称影响，结果发现：非线性模型对货币政策产业效应的描述更为合理，能够更好地模拟利率冲击对不同产业产出的影响。

国内近年来也对货币政策产业效应的非对称性展开了诸多研究。王剑和刘玄（2005）基于 VAR 模型研究了产业层面投资对货币政策冲击的响应速度和深度，发现第二、第三产业的投资对货币政策反应较之第一产业更为灵敏。戴金平和金永军（2006）基于资本/劳动的两部门模型出发，得出行业间的差异使不同行业对利率政策冲击的反应不同的结论，接着利用 E-G 两步法、ADL 模型和基于 VAR 模型的脉冲响应函数分析了 1995 年以来我国各产业对货币政策冲击的反应。徐涛（2007）基于 1998~2004 年的面板数据，对工业内 36 个细分行业建立了回归模型，通过显著性检验的有 22 个行业，其中有 18 个为正向反应，4 个为负向反应。廖国民和钟俊芳（2009）基于二元经济视角，使用 1978~2007 年的数据，采用 VAR 脉冲响应函数和方差分解的实证方法，对比研究了我国的农业和工业这两大部门对货币政策的反应情况，得出中国货币政策的影响在工业部门要强于农业部门的结论。袁申国和卢万青（2009）基于 2003~2008 年的月度数据，通过建立国民经济 19 个行业的 VAR 系统，利用脉冲响应函数分析了各行业投资对货币政策变动的反应程度以及各行业分别在扩张性和紧缩性货币政策下投资变化的差异。曹永琴（2011）基于 30 个行业的月度面板数据，通过 VAR 模型模拟了我国货币政策的行业非对称性效应，论证了货币政策行业效应的存在性。侯杜娟（2013）通过建立基于 1986~2011 年数据的三个 VAR 模型，验证了广义货币供应量 M2 增长率对中国三次产业产值的不同影响。结果发现，第一产业对货币政策冲击的敏感度高于第二、第三产业，其中第二产业最弱。赵昕东和陈妙莉（2013）应用 SVAR 模型结合主成分分析的方法，分析了中国货币政策冲击对 39 个不同行业的差异化影响，结果表明：相同货币冲击下的各个行业的产出增长率和价格变动率在方向、大小、影响周期等方面都表现出很大的差异。宋继红和刘松涛（2014）选择了国民经济总量和 8 个细分行业，运用协整模型和误差修正模型，比较和分析了各行业与货币政策变量之间的长期稳定均衡关系和短期动态调整关系，并运用脉冲响应模型，分析和探讨了各产业对货币政策变量冲击反应的非对称性。黄宪和沈悠（2015）从货币政策信贷传导渠道的角度分析总量效应和结构效应，并基于 2003 年 1 月~2014 年 3 月的数据运用马尔科夫区制转换向量自回归模型进行了实证检验，得出扩张性货币政策时期银行信贷对经济增长具有强大的刺激作用，不同经济周期时三大产业对信贷的反应呈现明显的非对称性的结论。王贺（2016）基于 2004 年第一季度到 2014 年第一季度的数据，对 29 个制造业次级行业建立了 VAR 模型和脉冲响应函数，以分析货币政策非对称效应。结果验证了这种效应的存在并解释了行业规模和对外来依赖性是重要影响因素。庞念伟（2016）运用符号约束识别的 SVAR 模型，基于 1999~2014 年的季度数据，实证检验了我国货币政策具体在产业结构升级中起到怎样的作用。结果表明：在三次产业中，对第二产业最有效，第一产业次之，第三产业最小。张淑娟和王晓天（2016）基于非线性的 STVEC 模型以及广义脉冲响应函数，实证分析了货币政策效用在信贷紧缩或扩张状态下对不同产业的非对称性，认为信贷紧缩状态相对扩张状态，对各产业具有更大的影响；利率上升对三次产业的影响大小依次为第三、第二和第一产业，而利率下降对三次产业的影响大小依次为第二、第三和第一产业。周婷（2017）利用农林牧渔业、建筑业以及房地产业 2002 年第二季度至 2016 年第三季度的行业内企业相关数据，分别建立面板数据固定效应模型，实证分析了农林牧渔业、建筑业以及房地产业三个行业间的货币政策非对称效应的存在性及其影响因素。刘慧慧（2017）基于固定效应面板数据模型，采用 2009~2016 年新能源产业中微观企业的数据进行了分析，实证结果显示：与传统能源产业相比，新能源产业受货币政策影响程度较小，新能源产业中太阳能产业对货币冲击的反应最大，核电产业次之，风电产业最小。以上研究表明我国货币政策产业效应的非对称性是客观存在的。

4. 对相关文献的简单评述

由于研究对象、思路和方法的差异，国内外学者关于政府支出和财税政策与产业结构升级的相关研究并没有得到一致性结论。随着研究的不断深入，诸多文献从时间、区域、制度等层面寻求相关财政政策影响产业结构升级的最新证据，涌现出促进论、条件论、抑制论和不确定论等观点。

从掌握的相关文献看，国内外学者侧重于研究政府干预产业的必要性，重点在于揭示政策的经济影响效应，但都缺乏一个系统的分析框架，特别是在如何保障财政政策有效性方面，仅限于定性分析，缺乏理论基础。货币政策产业效应非对称性研究也存在这个问题，现有的货币政策产业效应非对称性研究重点在于证明非对称性的存在及其产生的原因，大多数研究的区别在于实践样本、产业划分和研究地域，而其同样无法纳入现有的理论框架。此外，现有文献大多采用传统的 VAR 模型或面板数据模型来研究政策的产业效应，这些文献大多建立在线性相关和参数同质性的假设前提上，受到卢卡斯批判挑战，并且传统的面板回归通常假定各个地区的产业发展和结构调整是相互独立的，这显然与现实存在偏差。

随着宏观经济理论的发展和计量经济学的深化，20 世纪 80 年代，在计算机技术进步的支撑下，模拟经济运行的动态随机一般均衡模型迅速发展起来。与传统宏观经济计量模型相比，该方法在一般均衡的逻辑框架中纳入动态优化理论、理性预期形成和外生随机冲击过程，有效地突破了卢卡斯批判。其通过相应的理论模型构建，可以从系统变量对各类因素冲击响应检验测度政策的有效性（肖尧、牛永青，2014），因此，DSGE 理论模型可为政策效应模拟测度提供理论与技术运用平台。

二、基于 DSGE 模型的动态产业效应测度

20 世纪 80 年代，在如何通过解决瓦尔拉斯一般均衡微观框架内生成宏观经济周期问题的研究背景下，基于一般均衡和动态优化理论仿真模拟经济运行的动态随机一般均衡模型（DSGE）迅速发展起来，形成了行为主体历史经验与现实理性行为联系定义的理性预期均衡的动态研究范式（肖尧，2014）。DSGE 模型基于 Ramsey（1928）动态一般均衡框架，经对真实经济周期模型（Real Business Cycle，RBC）的演化，先后形成基于完全竞争框架的新古典模型（Kydland & Prescott，1980）和强调非竞争、名义变量黏性以及非对称信息作用的新凯恩斯模型（CEE，2001；SW，

2003）（肖尧、牛永青，2014）。前者侧重经济波动因素的作用识别，后者在 OECD 各国央行的推动下，通过构建相应的政策 DSGE 模型，使研究主流转向政策效应的模拟检验。尤其是 SW（2003）实现了模型参数贝叶斯估计方法，其改变了原模型参数严重依赖校准方法的困局，提升了模型数据与现实数据的拟合程度；也使因强调非竞争、名义变量黏性作用而派生出众多相关参数的新凯恩斯模型可以得到较好估计，因此成为目前 DSGE 相关研究的主流方法。

目前，DSGE 模型的政策效应分析主要是针对货币政策和财政政策效应展开的，主要体现在以下三个方面：①政策有效性检验（刘斌，2008；Leeper et al.，2008；仝冰，2010；李雪松、王秀丽，2011；殷波，2011；简志宏等，2012；王云清等，2013；杨熠等，2013；肖尧、牛永青，2014；徐妍等，2015；粟壬波，2016；尹雷、杨源源，2017；李宁，2017）；②政策传导机制分析（Gali et al.，2005；陈昆亭、龚六堂，2006；徐高，2008；王文甫，2010；奚君羊、贺云松，2010；胡爱华，2012；朱柏松，2013；武晓利、晁江锋，2014；马亚明、刘翠，2014；邱小安，2015；徐琨、谭小芬，2016；王曦等，2017）；③政策规则的比较分析（王晓天、张淑娟，2007；许振明、洪荣彦，2008；Leeper et al.，2010；奚君羊、贺云松，2010；李雪松、王秀丽，2011；张杰平，2012；岳超云、牛霖琳，2014；牛永青，2014；卞志村、胡恒强，2015；陈师等，2015；崔百胜、丁宇峰，2016；粟壬波，2016；王曦等，2017；高小红、苏玮，2017）。此外，DSGE 模型还为财政政策和货币政策的交互作用提供了分析工具（Coenen et al.，2010；Christopher，2010；Christoffel et al.，2011；Annicchiarico et al.，2011；Stähler & Thoms，2011；朱柏松，2013；陈小亮、马啸，2016；朱军，2016；洪昊、朱培金，2017；徐丽兰、黄阳平，2017）。

随着 DSGE 理论模型内容的深化和扩展，其在经济主体差异性行为刻画方面还促成了对差异性经济主体行为的政策效应分析。当前 DSGE 模型中关于经济主体差异性的研究主要包括两种类型：一种是对代表性居民的差异性刻画，如是否为李嘉图式消费者分类（洪昊、朱培金，

2017)、家庭类型分类（毛丰付、李言，2017）、劳动技能水平分类（陈利锋，2017）、预期分类（温兴春，2017）和劳动收入差异性分类（梁斌，2011）等；另一种差异性刻画则是针对微观经济生产部门的，一般是直接将厂商划分为最终产品生产商和中间产品生产商，常见的差异性刻画是假设中间产品市场处于垄断竞争状态，中间产品生产商生产有差异的中间产品，通常与价格调整模型联系在一起，而关于产业部门差异性划分的研究则非常少，而这一部分恰好是本书动态产业效应测度的重要模型构建内容。

应当指出，将宏观经济动态产业效应置于 DSGE 理论框架下来研究的文献非常少，国内仅有寥寥数篇，如王佳（2011），王佳、王文周和张金水（2013），以及张伟、邓婕和黄炎龙（2014）。以上文献的动态产业效应结论中存在一个共同点，那就是经济基本面要素的产业效应基本是趋同的，脉冲响应曲线具有相同的波动方向，而差别仅限于响应幅度的不同。下面给出文献的解读及其评析。

王佳（2011）将国民经济划分为农业、采矿业、制造业、电力、燃气及水的生产与供应业、建筑业和房地产业、交通运输及仓储业和其他服务业 7 个部门，借助投入产出分析方式将产业划分引入 DSGE 模型分析框架。假设代表性个体在每期通过对劳动、投资和中间品的投入来决定生产。与常规模型生产刻画方式不同，王佳（2011）对生产函数的设定考虑了中间投入的影响，并将制造业部门与建筑业和房地产业部门扩展为资本品部门，不同于常规建模时通常直接假定家庭具有资本并投入生产的处理方式。假设这两个部门资本的生产函数如式（1-1）所示：

$$y_j(t) = A_j(t)n_j(t)^{d_j}k_{j3}(t)^{b_{j3}}k_{j5}(t)^{b_{j5}}\prod_{i=1}^{7}x_{ji}(t-1)^{a_{ji}} \qquad (1-1)$$

资本积累形式如式（1-2）和式（1-3）所示：

$$k_{j3}(t) = (1-\delta)k_{j3}(t-1) + i_{i3}(t-1) \qquad (1-2)$$

$$k_{j5}(t) = (1-\delta)k_{j5}(t-1) + i_{i5}(t-1) \qquad (1-3)$$

代表性个体的最优化问题可以表示为式（1-4）：

$$\max E_0 \sum_{t=0}^{\infty} \beta^t \left\{ \sum_{j=1}^{7} \theta_j \log c_j(t) + \gamma \log \left[1 - \sum_{j=1}^{7} r_j(t) \right] \right\} \quad (1-4)$$

满足的约束条件如式（1-5）至式（1-9）所示：

$$k_{j3}(t) = (1-\delta)k_{j3}(t-1) + i_{i3}(t-1) \quad (1-5)$$

$$k_{j5}(t) = (1-\delta)k_{j5}(t-1) + i_{i5}(t-1) \quad (1-6)$$

$$y_j(t) = A_j(t) n_j(t)^{d_j} k_{j3}(t)^{b_{j3}} k_{j5}(t)^{b_{j5}} \prod_{i=1}^{7} x_{ji}(t-1)^{a_{ji}} \quad (1-7)$$

$$y_j(t) = c_j(t) + \sum_{i=1}^{7} x_{ij}(t) + \sum_{i=1}^{7} i_{ij}(t) \quad j = 3, 5 \quad (1-8)$$

$$y_j(t) = c_j(t) + \sum_{i=1}^{7} x_{ij}(t) \quad j = 1, 2, 4, 6, 7 \quad (1-9)$$

王佳（2011）在模拟宏观经济运行过程中发现，当某一产业部门受到外生冲击时，其他产业部门的产出变化具有共动性，其响应曲线方向一致，幅度略有不同；在参数敏感性检验和劳动投入变化时，各产业部门产出依然保持了这种共动性。

考虑到现实中劳动力并不能完全自由流动，并且两个资本生产部门的产出作为资本品投入时其替代性非常低，王佳、王文周和张金水（2013）对王佳（2011）做了改进，建立了引入两种资本品不可替代、劳动投入不完全替代和整体冲击改进的 7 部门 DSGE 模型。将效用函数形式调整为式（1-10）：

$$U(t) = \sum_{j=1}^{7} \theta_j \log c_j(t) + \sum_{j=1}^{7} \gamma_j \log[h_j - n_j(t)] \quad (1-10)$$

模型其他设定和部门划分与王佳（2011）引入资本的 7 部门 DSGE 模型相同，代表性个体的最优化问题从式（1-4）变为式（1-11）：

$$\max E_0 \sum_{t=0}^{\infty} \beta^t \left\{ \sum_{j=1}^{7} \theta_j \log c_j(t) + \sum_{j=1}^{7} \gamma_j \log[h_j - n_j(t)] \right\} \quad (1-11)$$

满足的约束条件如式（1-12）至式（1-16）所示：

$$k_{j3}(t) = (1-\delta)k_{j3}(t-1) + i_{i3}(t-1) \quad (1-12)$$

$$k_{j5}(t) = (1-\delta)k_{j5}(t-1) + i_{i5}(t-1) \quad (1-13)$$

$$y_j(t) = A_j(t) n_j(t)^{d_j} x_{ji}(t-1)^{a_{ji}} \left[\left(a k_{j3}(t)^\sigma + b k_{j5}(t)^\sigma \right)^{\frac{1}{\sigma}} \right]^{b_j}$$

$$(1-14)$$

$$y_j(t) = c_j(t) + \sum_{i=1}^{7} x_{ij}(t) + \sum_{i=1}^{7} i_{ij}(t) \quad j = 3, 5 \quad (1-15)$$

$$y_j(t) = c_j(t) + \sum_{i=1}^{7} x_{ij}(t) \quad j = 1, 2, 4, 6, 7 \quad (1-16)$$

式（1-14）表明当参数 σ 趋于 $-\infty$ 时，以 CES 型生产函数结合的总资本转化为以里昂惕夫型生产函数结合的总资本 $k_j = \min\left(\dfrac{k_{j3}}{a}, \dfrac{k_{j5}}{b}\right)$，此时两种资本投入是不可替代的，王佳、王文周和张金水（2013）通过将参数 σ 校准为 $-\infty$ 的形式，引入了制造业资本与建筑业和房地产业资本的不可替代。

王佳、王文周和张金水（2013）根据脉冲响应结果重新分析了冲击沿部门的传导机制，并对比分析了部门冲击和整体冲击的经济影响。研究发现，经济波动中各部门产出呈现出更多的共动性特点，可能是受到了整体冲击的影响，并且认为可以利用单部门模拟刻画总产出的变化。

张伟、邓婕和黄炎龙（2014）也构建了跨产业的 DSGE 模型，用于研究货币政策的预期机制与产业结构变化之间的关系。其假定企业部门按照垄断竞争市场的二阶段生产方式组织生产过程，最终产品市场是完全竞争市场，而中间产品市场则是垄断竞争市场。其中，最终产品生产部门通过成本最小化实现最优生产，而中间产品生产商按照 Calvo（1983）形式进行产品定价调整。

相关文献评析。在以上文献中，王佳（2011）构建了引入资本的 7 部门 DSGE 模型，模拟了各产业产出水平在推动作用、拉动作用和替代作用传导机制下的经济波动情况，发现各产业产出波动具有共动性的特征。王佳、王文周和张金水（2013）建立了引入两种资本品不可替代、劳动投入不完全替代和整体冲击改进的 7 部门 DSGE 模型，分析了冲击沿部门的传导机制，以及部门冲击与整体冲击的经济影响，发现各部门产出共动性的特征更多是整体冲击作用的结果，而且部门冲击对总产出波动的模拟和单部门模型对总产出波动的模拟结果基本一致，因此认为，利用单部门模拟刻画总产出的变化是一种可行的简化。张伟、邓婕和黄炎龙（2014）通过建立跨产业 DSGE 模型，研究了货币政策的预期机制与产业结构变化之间的关系，发现了冲击响应下各产业的产出波动具有共动性。以上文献的动态产业效应结论中的一个共同点是经济基本面要素的产业效应基本是趋同的，脉冲响应曲线具有相同的波动方向，而差别仅限于响应幅度的不同。

显然，上述结论与我国的经济现实存在较大差异，其也与大量非 DSGE 文献研究中得到的，我国存在一定经济政策产业效应差异性检验结果相悖。由此 DSGE 模型能否准确反映宏观经济的动态产业效应仍需检验。应对这一挑战，成为本书研究的探讨目标。

第三节 研究思路和研究方法

一、研究思路

本书的研究目标是：基于 DSGE 模型的中国产业化改进，提出可以系统测度中国各产业对宏观经济基本面和政策变化响应的理论方法，并给出中国经验检验。该项工作对产业政策制定及其实践具有重要意义。相应地，对 DSGE 理论模型中的微观经济主体进行产业差异性行为刻画，并以三次产业的宏观经济基本面和政策变量的随机外生冲击响应结果和波动缘由，作为宏观经济动态产业效应的测度，构成了本书的研究主题。本书研究思路如下：

（1）在系统收集和解读相关文献的基础上，在一般均衡逻辑框架下，基于 DSGE 理论模型对微观经济主体进行产业差异性行为刻画，构建 DSGE 产业化改进的理论模型，提出宏观经济动态产业效应测度的理论方法。在模型构建过程中，突出对生产技术的产业划分，刻画的内容包括：①居民在消费、就业、投资和资本形成等方面的差异性行为；②最终产品供给、中间产品生产与要素价格的形成过程；③政府行为的动态一般均衡机制。对最终产品和中间产品进行产业差异划分是 DSGE 模型中国产业化改进的一大特点，也是本书构建模型的一个重要创新工作。

（2）利用重要经济变量的实际数据，完成中国产业化经验数据特征转换，搭建可动态模拟中国产业经济运行的数据仿真平台。因 DSGE 模型本质上是一个理论框架，具备理论的一般性，能够适用于各经济体的研究，因此，需要结合实际数据将其从理论一般性应用到具体经济体（肖尧，2014）。主要工作包括以下几个方面：①基于最优消费决策条件（凯恩斯—拉姆齐规则，简称 K-R）估计三次产业居民消费跨期替代弹性；②基于收入份额法估计三次产业中间产品生产技术的资本产出弹性；③基于 RIETI 中国产业生产率（CIP）项目提供的行业支出法 GDP 构成数据等核算三次产业产出比重；④依据已有文献校准已达成共识的经济基本面参数，如主观贴现率、资本折旧率、资本收益率等；⑤采用贝叶斯方法估计各产业劳动替代弹性、资本调整成本参数，以及各种政策弹性系数、冲击平滑弹性和黏性程度参数等。在经验数据特征转换过程中大量运用中国投入产出表、GDP 构成数据、中国产业生产率数据库和中经网统计数据库等的行业和总量数据。

（3）以三次产业的重要经济基本面变量对随机外生冲击的响应结果和波动缘由，作为宏观经济动态产业效应的测度。即以体现全球经济调整导致下行特征的负向技术冲击、财政扩张性的正向政府支出冲击、减税降负的负向税收冲击、适度宽松的负向利率政策冲击、有效劳动供给减少的负向有效劳动供给冲击，以及反映价格管制的正向产品价格冲击为重点研究对象，生成各产业的产出、投资、消费、就业、价格等主要经济变量的脉冲响应模拟曲线，得到中国三次产业经济运行的冲击响应结果，进而利用方差分解技术剖析不同冲击类型对各经济变量波动的贡献份额，以此作为宏观经济动态产业效应的测度。

二、研究方法

本书力图提出系统测度中国各产业对宏观经济基本面和政策变化响应的理论方法，并给出中国经验检验。其相应研究高度复杂，采用了统计测度与经济理论交叉的基本研究方法。即依据描述经济运行的理论机制构建统计测度框架。具体包括以下几个方面：

（1）回顾已有经济政策动态产业效应测度相关文献，从理论基础和模型选择等方面展开评析，提出 DSGE 理论模型可为产业效应模拟测度提供理论方法与技术运行平台。通过对最终产品和中间产品的三次产业划分，在一般均衡逻辑框架下，给出各经济主体的优化行为决策选择过程，刻画三次产业下主要宏观经济变量的动态优化路径，为宏观经济动态产业效应测度奠定了理论基础。

（2）采用统计理论方法，基于重要经济数据和相关经济模型，对重要参数进行校准和估计测度，完成了中国产业化经验数据特征转换，搭建了可动态模拟中国产业经济运行的数据仿真平台。主要工作包括以下几个方面：①基于最优消费决策条件（凯恩斯-拉姆齐规则，简称 K-R）估计三次产业居民消费跨期替代弹性；②基于收入份额法估计三次产业中间产品生产技术的资本产出弹性；③基于 RIETI 中国产业生产率（CIP）项目提供的行业支出法 GDP 构成数据等核算三次产业产出比重；④依据已有文献校准已达成共识的经济基本面参数，如主观贴现率、资本折旧率、资本收益率等；⑤采用贝叶斯方法估计各产业劳动替代弹性、资本调整成本参数，以及各种政策弹性系数、冲击平滑弹性和黏性程度参数等，体现了统计特色。

（3）基于改进的中国产业化 DSGE 模型，利用脉冲响应分析和方差分解技术测度宏观经济动态产业效应，为产业结构分析提供了量化基础，体现了经济结构特征。

第四节　研究框架和创新性工作

一、研究框架

本书由六章构成，基本研究框架安排如下：

第一章为导论部分。首先，介绍了本书的研究背景与主题。其次，梳理已有经济政策动态产业效应测度相关文献，从理论基础和模型选择等方面展开评析，提出 DSGE 理论模型可为产业效应模拟测度提供理论方法与技术运行平台，提出本书研究目标。最后，给出本书的基本研究思路、方法与框架，以及主要创新性工作。

第二章为 DSGE 模型构建的理论方法基础。主要包括 DSGE 理论框架的经典模型、线性化处理、估计方法和应用扩展等。共包括四部分内容：一是解读新凯恩斯 CEE-SW 模型，该模型是 DSGE 框架下的经典模型，已经成为模型构建的基准，也是本书产业化改进 DSGE 模型的基础结构。二是介绍理论模型的对数线性化方法，DSGE 模型一般由复杂庞大的非线性方程系统来表示，其在求解方面往往是比较困难的，常见的处理方法就是利用对数线性化来近似将非线性模型转化为线性模型再求解，这部分介绍了五种常见的对数线性化方法。三是介绍模型贝叶斯参数估计方法。在 DSGE 模型中存在着大量的参数，模型求解的质量依赖于对参数的选择，因此，根据实际经济数据对模型参数进行正确设定和估计是 DSGE 模型求解的关键，贝叶斯方法基于历史数据资料和经验总结的先验信息，使数据仿真平台统计推断更为精确。四是基于应用对 DSGE 模型的理论扩展，包括金融加速器、房地产部门、影子银行、环境效应、政策调控、经济主体差异性以及开放经济扩展等。

第三章为产业化 DSGE 理论框架的构建研究。本书基于 CEE-SW 经典框架设定，对居民、厂商和政府部门行为选择进行刻画，重点突出对产业差异性的划分。基于生产技术产业划分，在一般均衡逻辑框架下，给出三方面的内容：①居民对应产业下消费、就业、投资和资本形成的优化选择行为；②最终产品供给、中间产品生产与要素价格的形成；③政府行为的动态一般均衡机制。

第四章为 DSGE 模型中国产业化构建研究。首先基于泰勒近似展开方法将理论模型进行对数线性化逼近，构建线性化形式的模型理论系统，其次结合重要经济变量的实际数据，采用统计理论方法，完成中国产业化经验数据特征转换，搭建可动态模拟中国产业经济运行的数据仿真平台。主要工作包括：①基于最优消费决策条件（凯恩斯-拉姆齐规则，简称 K-R）估计三次产业居民消费跨期替代弹性；②基于收入份额法估计三次产业中间产品生产技术的资本产出弹性；③基于 RIETI 中国产业生产率（CIP）项目提供的行业支出法 GDP 构成数据等核算三次产业产出比重；④依据已有文献校准已达成共识的经济基本面参数，如主观贴现率、资本折旧率、资本收益率等；⑤采用贝叶斯方法估计各产业劳动替代弹性、资本调整成本参数，以及各种政策弹性系数、冲击平滑弹性和黏性程度参数等。

第五章为宏观经济动态产业效应测度分析。以三次产业的重要经济基本面变量对随机外生冲击的响应结果和波动缘由，作为宏观经济动态产业效应的测度。即以体现全球经济调整导致下行特征的负向技术冲击、财政扩张性的正向政府支出冲击、减税降负的负向税收冲击、适度宽松的负向利率政策冲击、有效劳动供给减少的负向有效劳动供给冲击，以及反映价格管制的正向产品价格冲击为重点研究对象，生成各产业的产出、投资、消费、就业、价格等主要经济变量的脉冲响应模拟曲线，得到中国三次产业经济运行的冲击响应结果，进而利用方差分解技术剖析不同冲击类型对各经济变量波动的贡献份额，以此作为宏观经济动态产业效应的测度。

第六章为本书的基本结论和研究展望。

二、创新性工作

本书力图在以下三个方面开展创新性工作：

第一，推进产业效应测度方法研究的工作。国内外大量相关文献侧重于政府干预产业的必要性研究，通常选择一些与产业政策相关的因素作为解释或控制变量，采用 VAR 模型或面板数据模型，考察产业政策的经济影响效应。但其缺失一般的经济系统运行框架，难以考察政策在系统运行中的经济效应，与现实存在偏差。本书基于经典动态随机一般均衡框架（DSGE），提出产业化扩展的改进方法，为测度各产业面对宏观经济运行中的基本面和相关政策的动态变化产生的相应响应提供新的理论方法及技术运行平台。在该方法的模型构建中，本书的具体贡献表现在：①对经典 DSGE 理论框架进行产业化改进，通过对中间产品和最终产品的产业差异性刻画，将产业划分引入经典的 DSGE 理论框架，为产业结构分析提出新的研究视角；②与王佳（2011，2013）的文献相比，本书产业化改进的 DSGE 模型不但刻画了家庭部门的跨期优化选择，而且还针对企业部门进行生产均衡刻画，并且考虑了产品黏性价格和劳动黏性工资调整的新凯恩斯特征，加强了模型对现实经济的接近程度；③本书模型构建基于经典的 SW 框架进行产业化改进，在政策方面不但考虑了货币政策，还将财政政策规则纳入模型框架，将产业划分与经济政策置于同一均衡框架，为政策产业效应测度奠定了理论基础。

第二，构建产业化 DSGE 模型的中国数据平台。本书在对数线性化模型系统内结合重要经济变量的实际数据，采用统计理论方法，完成中国产业化经验数据特征转换，搭建了可动态模拟中国产业经济运行的数据仿真平台，主要包括以下工作：①基于最优消费决策条件（凯恩斯-拉姆齐规则，简称 K-R）估计三次产业居民消费跨期替代弹性；②基于收入份额法估计三次产业中间产品生产技术的资本产出弹性；③基于 RIETI 中国产业生产率（CIP）项目提供的行业支出法 GDP 构成数据等，核算三次产业产出比重；④依据已有文献校准已达成共识的经济基本面参数，如主观贴现率、资本折旧率、资本收益率等；⑤采用贝叶斯方法估计各产业劳动替代弹性、资本调整成本参数，以及各种政策弹性系数、冲击平滑弹性和黏性程度参数等。

第三，研究发现中国宏观经济动态产业效应的一些重要结论。本书在模拟宏观经济动态产业效应时发现，虽然类似于王佳（2011，2013）、张伟等（2014）的各产业对部分基本面和政策变化存在一定共动性响应，但对另外一些基本面和政策变化，各产业间则存在较大差异性响应，其为产业结构调整提供了重要依据。具体表现包括：①我国第一产业生产过程中技术化明显，农业正在由传统的劳动密集型产业向技术密集型转变，并且生产过程中技术与劳动力供给之间具有一定的互补性，第二、第三产业中技术与劳动力供给之间则具有一定的替代性。②政府支出对居民消费水平具有一定的挤出效应；不同支出项目对企业投资行为和生产决策的影响存在显著差异；此外，第三产业具有较强吸纳就业的动力，劳动力要素资源配置效率高于第一、第二产业。③税收政策可以通过影响投资水平而对产出结构做出调整，但具有一定的滞后性。④利率政策对产业结构调整的作用微弱，货币政策的产业非对称性效应不明显。⑤我国产业层面上存在着供大于求的不平衡特征，尤其是第一产业。

DSGE模型构建的
理论方法基础

    DSGE 模型基于 Ramsey（1928）的动态一般均衡框架，经过对真实经济周期模型（Real Business Cycle，RBC）的演化，先后形成了基于完全竞争框架的新古典模型（Kydland & Prescott，1980）和强调非竞争、名义变量黏性以及非对称信息作用的新凯恩斯模型（CEE，2001；SW，2003）、（肖尧、牛永青，2014）。SW（2003）因实现了模型参数贝叶斯估计方法，改变了原模型参数严重依赖校准方法的困局，提升了模型数据与现实数据的拟合程度；也使因强调非竞争、名义变量黏性作用，而派生出众多相关参数的新凯恩斯模型可以得到较好估计，因此成为目前 DSGE 相关研究的主流方法。本章将介绍主流 DSGE 模型构建的理论方法基础。主要包括DSGE 理论框架的经典模型、线性化处理、参数估计方法和应用扩展四部分内容。一是对新凯恩斯 CEE-SW 经典模型进行详细介绍，这也是本书构造多产业 DSGE 模型的理论基础。二是对理论模型对数线性化方法的介绍，这是 DSGE 理论模型求解的重要部分，本书将介绍五种常见的对数线性化方式。三是对模型贝叶斯参数估计方法的介绍，这是搭建中国产业经济运行数据仿真平台的重要基础。贝叶斯方法基于历史数据资料和经验总结的先验信息，使数据仿真平台统计推断更为精确。四是基于应用对 DSGE 模型的理论扩展，包括金融加速器、房地产部门、影子银行、环境效应、政策调控、经济主体差异性以及开放经济扩展等。

第一节 新凯恩斯 CEE-SW 模型

2001 年欧盟央行三位研究人员 Christiano、Eichenbaum 和 Evans（CEE）将新凯恩斯理论的名义变量黏性概念引入 DSGE 模型，提出了新凯恩斯 DSGE 理论框架。2003 年 Smets 和 Wouters（SW）对 CEE 的工作进一步完备和扩展。一方面完善了居民和厂商行为模型中家庭消费偏好、投资、劳动工资和产品价格等变量的调整机制；另一方面通过贝叶斯技术解决了因没有判别标准，很难对模型大量参数进行校准估计的问题，尤其是实现了黏性参数的贝叶斯估计。因 SW 框架大大提升了模型生成数据对现实数据的仿真程度，因此，国外将 CEE-SW 视为构建新凯恩斯 DSGE 框架的标准。本书也是以该经典框架为借鉴模板，进行产业化差异性改进。这里仅以 SW（2003）的文献为例，简要说明该框架对名义变量黏性调整的方法。

一、SW 模型框架的基本结构与新凯恩斯特征

SW 模型框架遵从了拉姆齐模型的基本结构，采用居民、厂商和政府三部门封闭经济假设，基于主体最优行为，实现经济均衡状态。基本结构如下：假设居民是永续存活的同质性家庭。在收入预算约束和资本积累条件下，家庭通过对消费、闲暇的跨期选择，实现终身效用最大化。假设劳动力市场处于垄断竞争状态，家庭向厂商提供同质的物质资本和有差异的劳动。在生产方面，厂商分为最终产品生产商和中间产品生产商。假定最终产品市场是完全竞争的，而中间产品市场是垄断竞争的，最终产品生产商利用有差异的中间产品进行生产。中间产品生产商则基于资本租金率和工资率的要素价格信号，利用家庭提供的资本和劳动力进行生产，并将中间产品出售给最终产品生产商。

SW 框架的新凯恩斯特征表现在，包括外生消费偏好、家庭投资成本、劳动工资以及中间产品价格等具有黏性特征的名义变量，其黏性特征源自外生非竞争或信息非对称环境。外生消费偏好调整影响消费，成本调整影响投资，家庭和中间产品生产商通过对工资和价格的黏性调整实现最优行为决策，家庭对工资率、中间产品生产商对中间产品价格具有一定的定价权。

二、家庭效用的外生消费偏好调整

假设家庭瞬时效用函数为 $E_0 \sum_{t=0}^{\infty} \beta^t U_t^\tau$，同时 $U_t^\tau = \varepsilon_t^B \left[\dfrac{1}{1-\sigma_c} (C_t^\tau - H_t)^{1-\sigma_c} - \dfrac{\varepsilon_t^L (l_t^\tau)^{1+\sigma_l}}{1+\sigma_l} \right]$，其中，$C_t^\tau$ 为当期消费，H_t 为外生消费习惯。家庭消费带来正效用，劳动力供给 l_t^τ 产生负效用。σ_c 是家庭跨期替代弹性的倒数，表示家庭的相对风险规避程度；σ_l 表示与实际工资相关的劳动投入弹性的倒数。在以上效用函数中还包括两个外生冲击：一个是影响家庭跨期替代的折现率冲击（偏好冲击）ε_t^B，另一个是有效劳动供给冲击 ε_t^L。这两个冲击都服从一阶自回归过程：$\varepsilon_t^b = \rho_b \varepsilon_{t-1}^b + \eta_t^b$ 和 $\varepsilon_t^L = \rho_L \varepsilon_{t-1}^L + \eta_t^L$。假定外生消费习惯与往期消费成正比，即 $H_t = h C_{t-1}$。针对跨期选择面临的信息不对称问题，利用随机冲击 ε_t^B 和 ε_t^L 分别修正有效时间贴现和劳动供给，以及按 $H_t = h C_{t-1}$ 调整家庭消费偏好。

三、劳动市场的名义工资变量调整

假设劳动力市场是垄断竞争的，家庭在做出劳动力供给决策时对工资率调整具有一定的定价权，以此给出家庭的工资黏性处理过程。采用 Calvo（1983）定价策略，假定工资只能在接收到随机的"工资变化信号"之后才能进行优化调整。设每期接收到"工资变化信号"后能够调整其工资的比率为 $1-\xi_w$，即名义工资黏性程度为 ξ_w。在 t 期，家庭 τ 接收信号并决定

新的名义工资为 $\tilde{w}_t^\tau$。

定义家庭最终优化工资为 $W_t^\tau = \left(\dfrac{P_{t-1}}{P_{t-2}}\right)^{\gamma_w} W_{t-1}^\tau$，其中，$\gamma_w$ 表示工资指数调整弹性，当 $\gamma_w = 0$ 时，工资保持不变，当 $\gamma_w = 1$ 时，对往期通胀完全指数化。定义劳动需求函数为 $l_t^\tau = \left(\dfrac{W_t^\tau}{W_t}\right)^{-(1+\lambda_{w,t})/\lambda_{w,t}} L_t$，其中，$\lambda_{wt}$ 为工资变动弹性指数。

采用迪克西特—斯蒂格利茨（Dixit-Stiglitz，1977）产品聚合函数表示劳动总需求，即 $L_t = \left[\displaystyle\int_0^1 (l_t^\tau)^{1/(1+\lambda_{w,t})} d\tau\right]^{(1+\lambda_{w,t})}$，名义总工资为 $W_t = \left[\displaystyle\int_0^1 (W_t^\tau)^{-1/\lambda_{w,t}} d\tau\right]^{-\lambda_{w,t}}$，即得到重新优化的工资加成方程为：

$$\frac{\tilde{w}_t}{P_t} E_t \sum_{i=0}^\infty \beta^i \xi_w^i \left(\frac{(P_t/P_{t-1})^{\gamma_w}}{P_{t+i}/P_{t+i-1}}\right) \frac{l_{t+i}^\tau U_{t+i}^C}{1+\lambda_{w,t+i}} = E_t \sum_{i=0}^\infty \beta^i \xi_w^i l_{t+i}^\tau U_{t+i}^l$$，其中，U_{t+i}^l 是劳动的边际负效用，U_{t+i}^C 是消费的边际效用。$\left(\dfrac{(P_t/P_{t-1})^{\gamma_w}}{P_{t+i}/P_{t+i-1}}\right)$ 为消费价格调整指数，$(P_t/P_{t-1})^{\gamma_w}$ 为社会价格指数，P_{t+i}/P_{t+i-1} 为家庭 i 的价格指数。

四、家庭投资的成本调整

SW 模型框架通过投资成本调整的处理方式，给出家庭实物投资和资产积累最优行为描述。假设家庭拥有的资本存量是生产的同质性要素，以给定的租金率 r_t^k 提供给中间品生产商。家庭以牺牲消费为代价，通过两个途径增加资本租赁供给：一是投资额外的资本 I_t，二是通过改变已配置资本的利用率 z_t。家庭通过对资本存量、投资和资本利用率的选择，在预算约束和资本积累方程的条件下，实现跨期目标函数最大化。其资本积累过程可描述为式（2-1）：

$$K_t = K_{t-1}(1-d) + \left[1 - S(\varepsilon_t^I I_t/I_{t-1})\right] I_t \qquad (2-1)$$

其中，I_t 表示总投资，d 表示折旧率，调整成本函数 $S(\cdot)$ 是投资变动的增函数①。假定 $S(1)=0$，$S'(1)=0$，且 $S''(\cdot)>0$，则资本调整成本在稳态附近等于 0，其一阶导数在稳态附近也等于 0，调整成本仅与二阶导数相关。在此过程中，我们还引入了投资成本函数冲击 ε_t^I，假定该冲击也服从一阶自回归过程，具有独立同分布的正态误差项：$\varepsilon_t^I=\rho_I\varepsilon_{t-1}^I+\eta_t^I$。决定资本产品价格、投资和资本利用率的一阶条件方程如式（2-2）至式（2-4）所示：

$$Q_t = E_t\left[\beta\frac{\lambda_{t+1}}{\lambda_t}(Q_{t+1}(1-d)+z_{t+1}r_{t+1}^k-\psi(z_{t+1}))\right] \quad (2-2)$$

$$Q_tS'\left(\frac{\varepsilon_t^I I_t}{I_{t-1}}\right)\frac{\varepsilon_t^I I_t}{I_{t-1}}-\beta E_tQ_{t+1}\frac{\lambda_{t+1}}{\lambda_t}S'\left(\frac{\varepsilon_{t+1}^I I_{t+1}}{I_t}\right)\left(\frac{\varepsilon_{t+1}^I I_{t+1}}{I_t}\right)\frac{I_{t+1}}{I_t}+ \ = Q_t\left(1-S\left(\frac{\varepsilon_t^I I_t}{I_{t-1}}\right)\right)$$
$$(2-3)$$

$$r_t^k = \psi'(z_t) \quad (2-4)$$

五、中间产品厂商的价格调整

在 SW 框架中，中间产品 j 的生产技术为 $y_t^j=\varepsilon_t^a\tilde{K}_{j,t}^\alpha L_{j,t}^{1-\alpha}-\Phi$。其中，$\varepsilon_t^a$ 表示生产率冲击（假定其服从一阶自回归过程：$\varepsilon_t^a=\rho_a\varepsilon_{t-1}^a+\eta_t^a$），$\tilde{K}_{j,t}$ 表示资本存量的有效利用，由 $\tilde{K}_{j,t}=z_tK_{j,t-1}$ 给出，其中，z_t 是资本有效利用率，$L_{j,t}$ 是差异性劳动供给，Φ 表示固定成本。

成本最小化意味着：$\frac{W_tL_{j,t}}{r_t^k\tilde{K}_{j,t}}=\frac{1-\alpha}{\alpha}$，即资本/劳动比率对所有中间品厂商是相同的。厂商的边际成本为 $MC_t=\frac{1}{\varepsilon_t^a}W_t^{1-\alpha}r_t^{k\alpha}(\alpha^{-\alpha}(1-\alpha)^{-(1-\alpha)})$，意味着边际成本也独立于中间品生产。

中间产品生产商 j 的名义利润为 $\pi_t^j=(p_t^j-MC_t)\left(\frac{p_t^j}{p_t}\right)^{-(1+\lambda_{p,t})/\lambda_{p,t}}(Y_t)-$

① Christiano L J, Eichenbaum M, Euans C L. Nominal Rigidites and the Dynamic Effects of a Shock to Monetary Policy [J]. Working Paper Series, 2001.

$MC_t\Phi$，其中，每个中间品生产商对自己的产品都具有一定的市场支配能力，中间产品市场处于垄断竞争状态，中间产品生产商对其产品具有一定的定价权。再次使用 Calvo（1983）的定价策略，SW 假定厂商只有接收到随机"价格变化的信号"，才会改变其产品的名义价格。假定名义价格变动的概率是常数 $1-\xi_p$，即 ξ_p 为名义价格黏性测度。沿着 CEE（2001）的思路，假定没有接收到价格信号的厂商，其价格盯住上一期通货膨胀率做出调整。与 CEE（2001）不同的是，SW 考虑的是部分指数化调整。引入偏好（习惯）变化弹性 γ_p，得到 t 期进行价格重新优化的中间品厂商利润最大化的一阶条件，其具体形式如式（2-5）所示：

$$E_t \sum_{i=0}^{\infty} \beta^i \xi_p^i \lambda_{t+i} y_{t+i}^j \left(\frac{\tilde{p}_t^j}{P_t} \left(\frac{(P_{t-1+i}/P_{t-1})^{\gamma_p}}{(P_{t+i}/P_t)} \right) - (1 + \lambda_{p,t+i}) mc_{t+i} \right) = 0 \quad (2-5)$$

第二节　理论模型对数线性化方法

DSGE 模型一般由复杂庞大的非线性方程系统来表示，其在求解方面往往是比较困难的，常见的处理方法是利用对数线性化来近似，将非线性模型转化为线性模型再求解。为了实现对数线性化，我们通常取对数偏差工作，其定义为式（2-6）：

$$\tilde{x}_t = \ln X_t - \ln X \quad (2-6)$$

其中，$\tilde{x}_t$ 是对数偏差，X 是 X_t 的稳态，为了探究为什么需要以对数偏差形式工作，我们可以用式（2-7）巧妙地处理式（2-6）。

$$\tilde{x}_t = \ln\left(\frac{X_t}{X}\right) = \ln\left(1 + \frac{X_t}{X} - 1\right) = \ln\left(1 + \frac{X_t}{X} - \frac{X}{X}\right) = \ln\left(1 + \frac{X_t - X}{X}\right)$$

$$(2-7)$$

对式（2-7）使用一阶泰勒展开式，得到式（2-8）：

$$f(x_t) \approx f(x) + f'(x)(x_t - x) \quad (2-8)$$

其中，x 是 x_t 的稳态，取 $\ln(1+(X_t-X)/X)$ 关于 X_t 的导数，

$$\frac{\partial\ln\left(1+\dfrac{X_t-X}{X}\right)}{\partial X_t} = \frac{X}{X_t}\frac{1}{X} = \frac{1}{X_t} \tag{2-9}$$

使用式（2-8），我们得到式（2-10）：

$$\tilde{x}_t = \ln\left(1+\frac{X_t-X}{X}\right) \approx \frac{1}{X}(X_t-X) \tag{2-10}$$

式（2-10）右边是对稳态 X 的偏差百分比，这是我们倾向使用对数偏差的原因。有时候我们选择使用 X_t-X 代替 dX_t，即 X_t 外的微分，这将在后面的例子中给出介绍。

式（2-10）可以写成式（2-11）和式（2-12）的形式：

$$\tilde{x}_t \approx \frac{1}{X}(X_t-X) = \frac{X_t}{X} - 1 \tag{2-11}$$

$$X_t \approx X(\tilde{x}_t+1) \tag{2-12}$$

使用式（2-12）代替所有变量。

下面本书给出五种常见的对数线性化处理方法。

一、定义法

命名这种方法为定义法，是因为它揭示了对数线性化的基本思想：取自然对数后对其线性化。下面本节使用柯布—道格拉斯生产函数作为演示案例：

$$Y_t = K^\alpha (A_tL_t)^{1-\alpha} \tag{2-13}$$

首先，对式（2-13）两边取自然对数得到式（2-14）：

$$\ln Y_t = \alpha\ln K_t + (1-\alpha)\ln A_t + (1-\alpha)\ln L_t \tag{2-14}$$

其次，在稳态附近使用泰勒一阶展开式，对于每一项用式（2-15）至式（2-18）表示：

$$\ln Y_t = \ln Y + \frac{1}{Y}(Y_t-Y) \tag{2-15}$$

$$\ln K_t = \ln K + \frac{1}{K}(K_t - K) \tag{2-16}$$

$$\ln A_t = \ln A + \frac{1}{A}(A_t - A) \tag{2-17}$$

$$\ln L_t = \ln L + \frac{1}{L}(L_t - L) \tag{2-18}$$

将式（2-15）至式（2-18）代回式（2-14），得到式（2-19）：

$$\ln Y + \frac{1}{Y}(Y_t - Y) = \alpha \left[\ln K + \frac{1}{K}(K_t - K) \right] + (1 - \alpha) \left[\ln A + \frac{1}{A}(A_t - A) \right] +$$
$$(1 - \alpha) \left[\ln L + \frac{1}{L}(L_t - L) \right] \tag{2-19}$$

式（2-19）展开得到式（2-20）：

$$\ln Y + \frac{1}{Y}(Y_t - Y) = \alpha \ln K + \alpha \frac{K_t}{K} - \alpha + (1 - \alpha) \ln A + (1 - \alpha) \frac{A_t}{A} -$$
$$(1 - \alpha) + (1 - \alpha) \ln L + (1 - \alpha) \frac{L_t}{L} - (1 - \alpha) \tag{2-20}$$

消除方程中的稳态条件。按照式（2-14），得到稳态条件式（2-21）：

$$\ln Y = \alpha \ln K + (1 - \alpha) \ln A + (1 - \alpha) \ln L \tag{2-21}$$

进而可将式（2-20）简化为式（2-22）：

$$\frac{1}{Y}(Y_t - Y) = \alpha \frac{K_t}{K} - \alpha + (1 - \alpha) \frac{A_t}{A} - (1 - \alpha) +$$
$$(1 - \alpha) \frac{L_t}{L} - (1 - \alpha) \tag{2-22}$$

最后，因为 Y，K，A 和 L 是常数（参数），我们可以得到一个如式（2-23）所示的线性方程：

$$\frac{Y_t}{Y} = \alpha \frac{K_t}{K} + (1 - \alpha) \frac{A_t}{A} + (1 - \alpha) \frac{L_t}{L} - (1 - \alpha) \tag{2-23}$$

然而，正如从以上步骤中看到的那样，过程是十分冗长的，并且结果不是对数偏差形式。如果方程形式是复杂的，转向其他方法将是合理的。下面将介绍的其余方法实际上是从这个基本方法中推导出来的，但是它们是极大简化了的。

二、全微分方法

在这一部分，我们使用 dX 代替 $X_t - X$。以 Gali 和 Monacelli（2005）作为应用示例，使用式（2-24）来阐明全微分方程：

$$C_{H,t} = (1 - \alpha) \left(\frac{P_{H,t}}{P_t}\right)^{-\eta} C_t \,,\; C_{F,t} = \alpha \left(\frac{P_{F,t}}{P_t}\right)^{-\eta} C_t \qquad (2\text{-}24)$$

式（2-24）分别表示国内产品和国外产品的最优消费配置。

首先对第一个方程两边取对数，得到式（2-25）：

$$\ln C_{H,t} = \ln(1 - \alpha) - \eta \ln P_{H,t} + \eta \ln P_t + \ln C_t \qquad (2\text{-}25)$$

其次对每一项在稳态值处进行全微分，得到式（2-26）：

$$\frac{1}{C_H} dC_{H,t} = -\eta \frac{1}{P_H} dP_{H,t} + \eta \frac{1}{P} dP_t + \frac{1}{C} dC_t \qquad (2\text{-}26)$$

其中，C_H、P_H 和 P 没有下标 t 时表示稳态值，之后重新将它们写成如式（2-27）所示的对数偏差形式：

$$\tilde{c}_{H,t} = -\eta (\tilde{p}_{H,t} - \tilde{p}_t) + \tilde{c}_t \qquad (2\text{-}27)$$

对式（2-24）的另一个方程进行相同的处理，两边取对数，得到式（2-28）：

$$\ln C_{F,t} = \ln \alpha - \eta \ln P_{F,t} + \eta \ln P_t + \ln C_t \qquad (2\text{-}28)$$

对式（2-28）在稳态处全微分，得到式（2-29）：

$$\frac{1}{C_F} dC_{F,t} = -\eta \frac{1}{P_F} dP_{F,t} + \eta \frac{1}{P} dP_t + \frac{1}{C} dC_t \qquad (2\text{-}29)$$

最后得到的对数偏差形式如式（2-30）所示：

$$\tilde{c}_{F,t} = -\eta (\tilde{p}_{F,t} - \tilde{p}_t) + \tilde{c}_t \qquad (2\text{-}30)$$

这种方法的线性化过程是相当迅速的，并且结果是对数偏差形式。一阶泰勒展开式是为了线性化非线性函数，因此，其功能与全微分近似是相同的。不过全微分比一阶泰勒展开更加简单，这就是我们为什么不倾向于直接使用泰勒展开的原因。

三、Uhlig 方法

在这一部分，我们将看到 Uhlig（1999）提出的另外一种有趣的方法，其甚至不需要取导数。这种方法仅仅是对式（2-6）的进一步派生：

$$\ln X_t = \ln X + \tilde{x}_t \tag{2-31}$$

首先对式（2-31）两边取指数，得到式（2-32）：

$$X_t = e^{\ln X + \tilde{x}_t} = e^{\ln X} e^{\tilde{x}_t} = X e^{\tilde{x}_t} \tag{2-32}$$

其次替换每一个变量，使用转换项 $X e^{\tilde{x}_t}$，其中，X 是稳态值。基于式（2-33）至式（2-36）的扩展规则：

$$e^{\tilde{x}_t} \approx 1 + \tilde{x}_t \tag{2-33}$$

$$e^{\tilde{x}_t + a \tilde{y}_t} \approx 1 + \tilde{x}_t + a \tilde{y}_t \tag{2-34}$$

$$\tilde{x}_t \tilde{y}_t \approx 0 \tag{2-35}$$

$$E_t[a e^{\tilde{x}_t}] \approx E_t[a \tilde{x}_t] + a \tag{2-36}$$

通过简单的取一阶泰勒展开得到式（2-33）至式（2-36）右边的表达式。但是不需要每次都使用泰勒展开式，使用这些规则将节省许多麻烦。需要注意的是，Uhlig 的方法免除于 Jensen 的不等式：

$$\ln E_t X > E_t \ln X \tag{2-37}$$

因为自然对数是严格凹的，因此，不等式（2-37）总是成立。进而我们的问题变为：我们不能简单地对带有期望算子的方程直接取对数，一种绕开这个问题的方法就是使用 Uhlig 的方法。

这里依旧使用 Gali 和 Monacelli（2005）作为示例，家庭消费的随机欧拉方程如式（2-38）所示：

$$1 = \beta R_t E_t \left[\frac{(C_{t+1} - hC_t)^{-\sigma}}{(C_t - hC_{t-1})^{-\sigma}} \frac{P_t}{P_{t+1}} \right] \tag{2-38}$$

为了易于处理，我们替换 $\xi_t = (C_t - hC_{t-1})^{-\sigma}$，进而得到式（2-39）：

$$1 = \beta R_t E_t \left[\frac{\xi_{t+1}}{\xi_t} \frac{P_t}{P_{t+1}} \right] \tag{2-39}$$

按照 Uhlig（1999）中的方法，得到式（2-40）：

$$1 = \beta \, \mathrm{Re}^{\tilde{r}_t} E_t \left[\frac{\xi e^{\tilde{\xi}_{t+1}}}{\xi e^{\tilde{\xi}_t}} \frac{Pe^{\tilde{p}_t}}{Pe^{\tilde{p}_{t+1}}} \right] \tag{2-40}$$

使用式（2-41）的稳态条件：

$$1 = \beta R \frac{\xi}{\xi} \frac{P}{P} \tag{2-41}$$

为了简化并将指数项合并在一起，得到式（2-42）：

$$1 = E_t \left[e^{\tilde{r}_t + \tilde{\xi}_{t+1} + \tilde{p}_t - \tilde{\xi}_t - \tilde{p}_{t+1}} \right] \tag{2-42}$$

对式（2-42）右边进行一阶泰勒展开，或者使用展开规则简化，得到式（2-43）：

$$1 \approx 1 + \tilde{r}_t + E_t \tilde{\xi}_{t+1} + \tilde{p}_t - \tilde{\xi}_t - E_t \tilde{p}_{t+1} \tag{2-43}$$

到这一步已经是线性化了，但是仍需要找出 $\tilde{\xi}_{t+1}$ 和 $\tilde{\xi}_t$ 是什么，我们由之前的定义得到式（2-44）：

$$\xi_t = (C_t - hC_{t-1})^{-\sigma} \tag{2-44}$$

首先对式（2-44）两边取对数，进而得到式（2-45）：

$$\ln\xi_t = -\sigma\ln(C_t - hC_{t-1}) \tag{2-45}$$

其次在稳态值处全微分，得到式（2-46）至式（2-48）：

$$\frac{1}{\xi} d\xi_t = -\sigma \frac{1}{C(1-h)} \left[dC_t - hdC_{t-1} \right] \tag{2-46}$$

$$\tilde{\xi}_t \approx -\sigma \frac{1}{C(1-h)} \left[C \frac{dC_t}{C} - hC \frac{dC_{t-1}}{C} \right] \tag{2-47}$$

$$\tilde{\xi}_t \approx -\sigma \frac{1}{1-h} \left[\tilde{c}_t - h \tilde{c}_{t-1} \right] \tag{2-48}$$

将式（2-48）代回到式（2-43），得到式（2-49）：

$$0 \approx \tilde{r}_t - E_t \left[\frac{\sigma}{1-h}(\tilde{c}_{t+1} - h \tilde{c}_t) \right] + \frac{\sigma}{1-h}(\tilde{c}_t - h \tilde{c}_{t-1}) - E_t \left[\tilde{p}_{t+1} - \tilde{p}_t \right] \tag{2-49}$$

定义 $\tilde{p}_{t+1} - \tilde{p}_t = \tilde{\pi}_{t+1}$ 为通货膨胀率，之后两边同乘以 $(1-h)/\sigma$，得到式（2-50）：

$$E_t(\tilde{c}_{t+1} - h\tilde{c}_t) + \frac{1-h}{\sigma}E_t[\tilde{\pi}_{t+1} - \tilde{r}_t] \approx \tilde{c}_t - h\tilde{c}_{t-1} \qquad (2-50)$$

四、替代法

严格来说，这并不是一种方法，它简要地省略了 Uhlig 替代法的第一步，直接回到式（2-11）。这里只需要注意一个步骤，我们将在接下来的例子中看到：

$$X_t + a = (1-b)\frac{Y_t}{L_t Z_t} \qquad (2-51)$$

对式（2-51）两边取自然对数，得到式（2-52）：

$$\ln(X_t + a) = \ln(1-b) + \ln Y_t - \ln L_t - \ln Z_t \qquad (2-52)$$

使用稳态条件，得到式（2-53）：

$$\ln(X + a) = \ln(1-b) + \ln Y - \ln L - \ln Z \qquad (2-53)$$

式（2-52）减去式（2-53），得到式（2-54）：

$$\ln(X_t + a) - \ln(X + a) = \ln Y_t - \ln Y - \ln L_t + \ln L - \ln Z_t + \ln Z$$
$$(2-54)$$

将式（2-54）表示为对数偏差形式，得到式（2-55）：

$$\widetilde{X_t + a} = \tilde{y}_t - \tilde{l}_t - \tilde{z}_t \qquad (2-55)$$

我们需要找出来 $\tilde{x}_t$ 是什么，之后代替 $\widetilde{X_t+a}$。接下来的步骤需要注意，式（2-10）可表示为式（2-56）：

$$\tilde{x}_t \approx \frac{X_t - X}{X} \qquad (2-56)$$

那么，$\widetilde{X_t+a}$ 变为式（2-57）：

$$\widetilde{X_t + a} \approx \frac{X_t + a - (X + a)}{X + a} = \frac{X_t - X}{X + a} \qquad (2-57)$$

因为式（2-56）和式（2-57）后边的分子相等，我们可以利用等式并设定式（2-58）和式（2-59）：

$$\widetilde{X_t + a}(X + a) = \tilde{x}_t X \tag{2-58}$$

$$\widetilde{X_t + a} = \frac{\tilde{x}_t X}{X + a} \tag{2-59}$$

将式（2-58）和式（2-59）代回到（2-55），得到式（2-60）：

$$\frac{\tilde{x}_t X}{X + a} = \tilde{y}_t - \tilde{l}_t - \tilde{z}_t \tag{2-60}$$

式（2-51）实际上可以通过全微分方法被简单地线性化，并且只需要两个步骤。

五、泰勒近似法

1. 单变量情况

我们从一个一般的情况开始，给出式（2-61）形式的非线性差分方程：

$$X_{t+1} = f(X_t) \tag{2-61}$$

其中，f 是可以想象得到的任意非线性函数形式。等式右边在稳态处的一阶泰勒展开式如式（2-62）所示：

$$X_{t+1} \approx f(X) + f'(X)(X_t - X) \tag{2-62}$$

设定式（2-61）的稳态条件如式（2-63）所示：

$$X = f(X) \tag{2-63}$$

那么，式（2-62）变为式（2-64）：

$$X_{t+1} \approx X + f'(X)(X_t - X) \tag{2-64}$$

式（2-64）两边除以 X，得到式（2-65）：

$$\frac{X_{t+1}}{X} \approx 1 + f'(X)\frac{X_t - X}{X} \tag{2-65}$$

式（2-65）左边可以用式（2-12）来替换：

$$1 + \tilde{x}_{t+1} = 1 + f'(X)\tilde{x}_t \qquad (2\text{-}66)$$

$$\tilde{x}_{t+1} = f'(X)\tilde{x}_t \qquad (2\text{-}67)$$

遵循这个准则，我们在稳态处简要地取导数，每一个方程都可以被实现。尝试一个例子：

$$k_{t+1} = (1-\delta)k_t + sk_t^{\alpha} \qquad (2\text{-}68)$$

使用式（2-67），得到式（2-69）：

$$\tilde{k}_{t+1} = [s\alpha k^{\alpha-1} + (1-\delta)]\tilde{k}_t \qquad (2\text{-}69)$$

现在它已经被线性化了，因为方括号中的项都是简单的参数。

2. 多变量情况

泰勒多项式具有矢量版本，也具有标量版本，实际上我们遇到的绝大多数方程都是多变量的，而不是上一节简单的单变量形式。再一次，我们从多变量情况开始：

$$X_{t+1} = f(X_t, Y_t) \qquad (2\text{-}70)$$

其中，f 是我们所能想象得到的任意非线性函数。在稳态处的一阶泰勒多项式的向量版本（二变量）如式（2-71）所示：

$$X_{t+1} \approx f(X, Y) + f_X(X, Y)(X_t - X) + f_Y(X, Y)(Y_t - Y) \qquad (2\text{-}71)$$

正如我们所看到的那样，二变量泰勒展开式接近于二变量函数的全微分形式。再一次设定式（2-70）的稳态条件：$X = f(X, Y)$，则式（2-71）变为式（2-72）：

$$X_{t+1} \approx X + f_X(X, Y)(X_t - X) + f_Y(X, Y)(Y_t - Y) \qquad (2\text{-}72)$$

式（2-72）除以 X，得到式（2-73）：

$$\frac{X_{t+1}}{X} \approx 1 + f_X(X, Y)\frac{(X_t - X)}{X} + f_Y(X, Y)\frac{(Y_t - Y)}{X} \qquad (2\text{-}73)$$

$$1 + \tilde{x}_{t+1} \approx 1 + f_X(X, Y)\tilde{x}_t + f_Y(X, Y)\frac{Y}{X}\frac{(Y_t - Y)}{Y} \qquad (2\text{-}74)$$

$$\tilde{x}_{t+1} \approx f_X(X, Y)\tilde{x}_t + f_Y(X, Y)\frac{Y}{X}\tilde{y}_t \qquad (2\text{-}75)$$

式（2-75）就是我们所要寻求的公式。尝试一个例子：$k_{t+1} = (1-\delta)k_t +$

$sz_t k_t^\alpha$，计算局部偏导数：

$$f_z(z,k) = sk^\alpha \tag{2-76}$$

$$f_k(z,k) = \alpha szk^{\alpha-1} + (1-\delta) \tag{2-77}$$

使用式（2-75），得到式（2-78）：

$$\tilde{k}_{t+1} = \left[\alpha szk^{\alpha-1} + (1-\delta)\right]\tilde{k}_t + sk^\alpha \frac{z}{\bar{x}}\tilde{z}_t \tag{2-78}$$

打开括号，整理得到式（2-79）：

$$\tilde{k}_{t+1} \approx \alpha szk^{\alpha-1}\tilde{k}_t + (1-\delta)\tilde{k}_t + sk^{\alpha-1}z\tilde{z}_t \tag{2-79}$$

第三节　贝叶斯参数估计方法

DSGE 模型是通过一个大型的方程系统对经济主体优化行为进行刻画的，其中存在着大量的未知参数，而模型求解的质量恰恰依赖于参数的选择，因此，根据实际经济数据对模型参数进行正确设定和估计是 DSGE 模型求解的关键。与传统计量经济估计方法相比，贝叶斯（Bayes）估计方法假设模型中的参数是随机变量，在估计参数时，通常，首先给定参数的先验分布，其次根据实际数据来修正这些先验分布，并计算参数的事后分布，最后基于事后分布得到人们关心的估计量，贝叶斯方法基于历史数据资料和经济总结的先验信息，使统计推断更为精确。下面本书将详细介绍贝叶斯参数估计方法。

一、Bayes 点估计

对方程系统进行对数化处理后得到的形式如式（2-80）所示：

$$E_t\left[f(y_{t+1}, y_t, y_{t-1}, u_t; \theta)\right] = 0 \tag{2-80}$$

其中，E_t 是预期符号，y_t 是内生变量，u_t 是外部冲击因素，θ 是参数。

在求解方程 $f(\bar{y}, \bar{y}, \bar{y}, 0; \theta) = 0$ 得到 y_t 的稳态值 $\bar{y}$ 后，对 $\hat{y}_t = y_t - \bar{y}$ 的动态方程进行求解，得到式（2-81）：

$$\hat{y}_t = g_y(\theta)\hat{y}_{t-1} + g_u(\theta)u_t \tag{2-81}$$

这里，我们考虑一阶近似情形，矩阵 $g_y(\theta)$ 和 $g_u(\theta)$ 是关于参数 θ 的非线性函数矩阵。

假设实际中可观测的变量为 y_t^*，它满足式（2-82）：

$$y_t^* = M(\theta)y_t + \eta_t \tag{2-82}$$

其中，η_t 是观察误差。

假设随机项的协方差矩阵如式（2-83）和式（2-84）所示：

$$E(u_t u_t') = Q(\theta) \tag{2-83}$$

$$E(\eta_t \eta_t') = V(\theta) \tag{2-84}$$

采用卡尔曼滤波方法，可得到式（2-85）至式（2-89）：

$$v_t = y_t^* - \bar{y}^* - M(\theta)\hat{y}_t \tag{2-85}$$

$$F_t = M(\theta)P_t M'(\theta) + V(\theta) \tag{2-86}$$

$$K_t = g_y(\theta)P_t g_y(\theta)_t F_t^{-1} \tag{2-87}$$

$$P_{t+1} = g_y(\theta)P_t[g_y(\theta) - K_t M(\theta)] + g_u(\theta)Q(\theta)g_u'(\theta) \tag{2-88}$$

$$\hat{y}_{t+1} = g_y(\theta)\hat{y}_t + K_t v_t \tag{2-89}$$

从而可得到似然函数的对数形式如式（2-90）所示：

$$\ln L(\theta | Y_T^*) = -\frac{Tk}{2}\ln(2\pi) - \frac{1}{2}\sum_{t=1}^{T}|F_t| - \frac{1}{2}v_t'F_t^{-1}v_t \tag{2-90}$$

其中，$\ln L(\theta | Y_T^*)$ 是基于样本数据 $Y_T^* = \{y_t^*, t = 1, \cdots, T\}$ 得到的似然函数，T 是样本容量，k 是变量 y_t 的维数。

假设参数 θ 也是随机变量，其先验概率密度函数为 $p(\theta)$，根据 Bayes 定理，参数 θ 的事后概率密度函数 $p(\theta | Y_T^*)$ 如式（2-91）所示：

$$p(\theta | Y_T^*) = \frac{L(\theta | Y_T^*) \cdot p(\theta)}{p(Y_T^*)} \tag{2-91}$$

对式（2-91）两边取对数，得到式（2-92）：

$$\ln p(\theta | Y_T^*) = \ln L(\theta | Y_T^*) + \ln p(\theta) - \ln p(Y_T^*) \tag{2-92}$$

其中，$p(Y_T^*)$ 是边际概率密度函数。边际概率密度函数 $p(Y_T^*)$ 由式（2-93）确定：

$$p(Y_T^*) = \int [L(\theta \mid Y_T^*)] \cdot p(\theta) d\theta \tag{2-93}$$

由于边际概率密度函数 $p(Y_T^*)$ 不依赖于参数 θ，因而事后概率密度函数 $p(\theta \mid Y_T^*)$ 的核（kernel）为式（2-94）：

$$p(\theta \mid Y_T^*) \sim L(\theta \mid Y_T^*) \cdot p(\theta) \tag{2-94}$$

Bayes 点估计选择准则为式（2-95）：

$$\hat{\theta} = \arg \min_{\hat{\theta}} \int_A C(\hat{\theta}, \theta) p(\theta \mid Y_T^*) d\theta \tag{2-95}$$

二、Monte Carlo 模拟及常用的抽样方法

设 $g(\theta)$ 是关于参数 θ 的一个函数，其事后均值及方差的计算可表示为式（2-96）和式（2-97）：

$$E[g(\theta)] = \int g(\theta) p(\theta \mid Y_T^*) d\theta \tag{2-96}$$

$$\mathrm{var}[g(\theta)] = \int \{g(\theta) - E[g(\theta)]\}^2 p(\theta \mid Y_T^*) d\theta \tag{2-97}$$

对于这两个积分的数值计算，可以采用 Monte Carlo（MC）模拟的方法来实现。先根据参数的事后分布 $p(\theta \mid Y_T^*)$ 进行随机抽样，假设抽样次数为 N 次，参数的每次抽样值为 θ^k，则根据概率论中的大数定理，上面两个积分的计算可表示为式（2-98）和式（2-99）：

$$E[g(\theta)] \approx \bar{g}_N = \frac{1}{N} \sum_{k=1}^{N} g(\theta^k) \tag{2-98}$$

$$\mathrm{var}[g(\theta)] \approx \sigma_N^2(\bar{g}) = \frac{1}{N} \sum_{k=1}^{N} [g(\theta^k) - \bar{g}_N]^2 \tag{2-99}$$

值得注意的是，在以上计算过程中存在一个假设前提，即我们知道参数事后概率的分布特征，但实际情况是事后概率密度函数 $p(\theta \mid Y_T^*)$ 通常并不是标准的分布，因此，如何进行事后抽样就成为一个关键问题。下面介

绍几种常用的抽样方法来计算上面的数值积分。

1. 重要性抽样（Importance Sampling）

重要性抽样的原理是：首先选择一个标准的分布函数，按照这个分布进行随机抽样，其次采用适当的处理手段计算上面的数值积分。具体来讲，假设我们选择一个标准的概率密度函数 $I(\theta)$，上面的数值积分可以改写为式（2-100）：

$$E[g(\theta)] = \frac{\int g(\theta)\dfrac{p(\theta\,|\,Y_T^*)}{I(\theta)}I(\theta)\,d\theta}{\int \dfrac{p(\theta\,|\,Y_T^*)}{I(\theta)}I(\theta)\,d\theta} \qquad (2-100)$$

定义权重函数，即 $w(\theta)=\dfrac{p(\theta\,|\,Y_T^*)}{I(\theta)}$，则式（2-100）可表示为式（2-101）的形式：

$$E[g(\theta)] = \frac{\int g(\theta)w(\theta)I(\theta)\,d\theta}{\int w(\theta)I(\theta)\,d\theta} \qquad (2-101)$$

Geweke（1989）指出并证明，如果均值 $E[g(\theta)]$ 存在且是有限值，概率密度函数 $I(\theta)$ 的支持域（Support）包含事后概率密度函数 $p(\theta\,|\,Y_T^*)$ 的支持域，那么上面的数值积分可以通过式（2-102）来近似计算：

$$\bar{g}_N = \frac{\sum\limits_{k=1}^{N} g(\theta^k)w(\theta^k)}{\sum\limits_{k=1}^{N} w(\theta^k)} \qquad (2-102)$$

其中，抽样是按照概率密度函数 $I(\theta)$ 来进行的。可以看出，采用重要性抽样方法，上面的数值积分就相当于抽样值的加权平均值。

类似地，我们可以计算 $g(\theta)$ 的方差如式（2-103）所示：

$$\sigma_N^2(\bar{g}) = \frac{\dfrac{1}{N}\sum\limits_{k=1}^{N}[g(\theta^k)-\bar{g}_N]^2 w(\theta^k)^2}{\left[\dfrac{1}{N}\sum\limits_{k=1}^{N} w(\theta^k)\right]^2} \qquad (2-103)$$

由于函数 $w(\theta^k)$ 在上面计算式的分子和分母中同时出现，因而采用重要性抽样方法进行计算的一个好处是：我们只要利用概率密度函数 $p(\theta \mid Y_T^*)$ 的核即可，不需要利用整个函数。

2. MCMC（Markov Chain Monte Carlo）抽样

若一个随机过程 $\{x_i\}$ 满足式（2-104）的条件：

$$\Pr(x_{i+1} \mid x_i, x_{i-1}, \cdots) = \Pr(x_{i+1} \mid x_i) \qquad (2\text{-}104)$$

则称该随机过程具有 Markov 性质。从式（2-104）可以看出，随机过程 $\{x_i\}$ 的条件概率只依赖于上一期的状态，而不受上一期之前的历史状态的影响。基于此原理，人们通过设计一条或多条马尔科夫（Markov）链，并在每条 Markov 链上采用递推算法进行抽样，这就是 MCMC 抽样方法。下面介绍两种常见的 MCMC 的抽样方法：Gibbs 抽样方法（Gibbs Sampling）和 MH 抽样方法（Metropolis-Hastings Sampling）。

（1）Gibbs 抽样方法。前面介绍的抽样方法是针对整个参数空间进行的，如果参数所在的空间维数很大，那么抽样将非常复杂。Gibbs 抽样方法的思想是首先将参数划分为一系列的模块，其次依次针对每个模块进行抽样，最后得到整个参数的抽样。

具体来说，假设可以将参数划分为以下模块：

$$\theta = \left(\theta_{(1)} \mid \theta_{(2)} \cdots \mid \theta_{(B)} \right) \qquad (2\text{-}105)$$

先选定一个初始值 θ^0，假设抽样次数为 N 次，在已经得到 $s-1$ 次抽样的条件下，$s=1,2,\cdots$，第 s 次抽样算法可表示为式（2-106）至式（2-109）：

$$\theta_{(1)}^s = p\left(\theta_{(1)} \mid \theta_{(2)}^{s-1}, \cdots, \theta_{(B)}^{s-1}, Y_T^* \right) \qquad (2\text{-}106)$$

$$\theta_{(2)}^s = p\left(\theta_{(2)} \mid \theta_{(1)}^s, \theta_{(3)}^{s-1}, \cdots, \theta_{(B)}^{s-1}, Y_T^* \right) \qquad (2\text{-}107)$$

$$\theta_{(j)}^s = p\left(\theta_{(j)} \mid \theta_{(1)}^s, \theta_{(2)}^s, \cdots, \theta_{(j-1)}^s, \theta_{(j+1)}^{s-1}, \cdots, \vartheta_{(B)}^{s-1}, Y_T^* \right) \qquad (2\text{-}108)$$

$$\theta_{(B)}^s = p\left(\theta_{(B)} \mid \theta_{(1)}^s, \theta_{(2)}^s, \cdots, \theta_{(B-1)}^s, Y_T^* \right) \qquad (2\text{-}109)$$

可以看出，在针对每个模块进行抽样时，由于假设其他模块的参数是给定的，因而针对每个模块的抽样与针对整个参数空间的抽样相比较而言，规模要小得多。另外从前面的分析可以知道，事后概率密度函数 $p(\theta \mid Y_T^*)$ 通常不是标准的分布函数，但是在对参数进行一定的模块划分后，条件概率 $\theta_{(j)}^s = p\left(\theta_{(j)} \mid \theta_{(1)}^s, \theta_{(2)}^s, \cdots, \theta_{(j-1)}^s, \theta_{(j+1)}^{s-1}, \cdots, \theta_{(B)}^{s-1}, Y_T^*\right)$ 很可能成为标准的分布函数，这样我们就可以方便地进行抽样。

（2）MH 抽样方法。MH 抽样也是在前次状态基础上进行的，因此，选定的概率密度函数也依赖于上一次的状态值，即 $q(\theta \mid \theta^{s-1})$。抽样步骤如下：

步骤一：选定参数初始值 θ^0，设抽样次数为 N 次，在已经得到 $s-1$ 次抽样条件下，$s=1,2,\cdots$，对于第 s 次抽样，可以根据概率密度函数 $q(\theta \mid \theta^{s-1})$ 进行抽样得到 θ^*。

步骤二：计算接受概率（Acceptance Probability）$\alpha(\theta^{s-1}, \theta^*)$，具体可表示为式（2-110）：

$$\alpha(\theta^{s-1}, \theta^*) = \min\left[\frac{w(\theta^* \mid \theta^{s-1})}{w(\theta^{s-1} \mid \theta^*)}, 1\right] \qquad (2-110)$$

其中，式（2-110）中的 $w(\theta^* \mid \theta^{s-1})$ 和 $w(\theta^{s-1} \mid \theta^*)$ 可表示为式（2-111）和式（2-112）：

$$w(\theta^* \mid \theta^{s-1}) = \frac{p(\theta^* \mid Y_T^*)}{q(\theta^* \mid \theta^{s-1})} \qquad (2-111)$$

$$w(\theta^{s-1} \mid \theta^*) = \frac{p(\theta^{s-1} \mid Y_T^*)}{q(\theta^{s-1} \mid \theta^*)} \qquad (2-112)$$

步骤三：从以下方式得到第 s 次抽样值，其中，选择 $\theta^s = \theta^*$ 的概率为 $\alpha(\theta^{s-1}, \theta^*)$，选择 $\theta^s = \theta^{s-1}$ 的概率为 $1-\alpha(\theta^{s-1}, \theta^*)$。

在进行 MH 抽样时，对于标准分布的概率密度函数 $q(\theta \mid \theta^{s-1})$ 通常有两种选择方法，一种是独立链形式的 MH 抽样，顾名思义，其选择不依赖于前次状态，即 $q(\theta \mid \theta^{s-1}) = q(\theta)$。此时：

$$w(\theta^*) = \frac{p(\theta^* \mid Y_T^*)}{q(\theta)^*} \qquad (2-113)$$

$$w(\theta^{s-1}) = \frac{p(\theta^{s-1} \mid Y_T^*)}{q(\theta^{s-1})} \tag{2-114}$$

$$\alpha(\theta^{s-1}, \theta^*) = \min\left[\frac{w(\theta^*)}{w(\theta^{s-1})}, 1\right] \tag{2-115}$$

另一种方法是随机游走形式的 MH 抽样，即选择对称形式的函数：$\theta^* = \theta^{s-1}+z$，这里 z 是满足标准分布的随机变量。在这种情况下，由于 $q(\theta^* \mid \theta^{s-1}) = q(\theta^{s-1} \mid \theta^*)$，从而得到式（2-116）：

$$\alpha(\theta^{s-1}, \theta^*) = \min\left[\frac{p(\theta^* \mid Y_T^*)}{p(\theta^{s-1} \mid Y_T^*)}, 1\right] \tag{2-116}$$

在实际中，随机变量 z 的分布通常选择正态分存，即 $z \sim N(0, c\Sigma)$，此时 $q(\theta^* \mid \theta^{s-1}) = N(\theta^{s-1}, c\Sigma)$。从以上分析可以看出，随机游动形式的 MH 抽样不同于独立链形式的 MH 抽样方法，其每次抽样依赖于上一次的状态。

（3）MCMC 抽样的收敛性检验。MCMC 抽样方法的好处是其算法具有递推性，但是使该抽样方法能够得到成功的运用，其关键是要保证抽样的收敛性，因此，对 MCMC 抽样的收敛性进行检验是非常必要的。有两种方式可用于检验抽样的收敛性，即针对单条 Markov 链的检验和针对多条 Markov 链的检验。

假设抽样的总次数为 N 次，我们对抽样样本可以分为以下几个部分：

$$N = N_0 + N_1 + N_2 + N_3 \tag{2-117}$$

$$s = 1, \cdots, N_0, N_0 + 1, \cdots N_0 + N_1, \cdots, N_0 + N_1 + N_2, \cdots, N_0 + N_1 + N_2 + N_3 \tag{2-118}$$

其中，前 N_0 个样本是为了消除初始值的影响而去掉的样本，其余的样本分为三个部分，这三个部分的样本数量分别为 N_1、N_2 和 N_3，通常这三个部分的数量选择为 $N_1 = 0.1(N-N_0)$、$N_2 = 0.5(N-N_0)$、$N_3 = 0.4(N-N_0)$。

Geweke（1992）设计了式（2-119）的统计量来检验抽样的收敛性：

$$CD = \frac{\bar{g}_{N_1} - \bar{g}_{N_3}}{\frac{\sigma_{N_1}(\bar{g})}{\sqrt{N_1}} + \frac{\sigma_{N_3}(\bar{g})}{\sqrt{N_3}}} \tag{2-119}$$

其中，式（2-119）中的均值和方差按照前面介绍的公式来计算。Geweke（1992）证明上述统计量满足标准的状态分布，即：

$$CD \sim N(0,1) \tag{2-120}$$

Yu-Mykland（1994）设计了式（2-121）的统计量来检验抽样的收敛性：

$$CS_t = \frac{\bar{g}_t - \bar{g}_N}{\sigma_N(\bar{g})} \tag{2-121}$$

其中，$\bar{g}_N$ 和 $\sigma_N^2(\bar{g})$ 是基于原抽样样本得到的均值和方差，$\bar{g}_t$ 和 $\sigma_t^2(\bar{g})$ 是在原样本的基础上增加 t 个样本后得到的均值和方差。若抽样是收敛的，那么：

$$CS_t \to 0, t \to \infty \tag{2-122}$$

在实际运用中，Bauwens-Lubrano（1998）建议上述统计量的临界值选为 5%。

以上两种方法均是针对单条 Markov 链进行抽样收敛性检验的方式，Gelman（1996）提出了针对多条 Markov 链进行抽样收敛性检验的方式。

假设选择 M 条 Markov 链，每条链的抽样次数均为 N 次，第 k 条链上的第 s 次的参数抽样值为 θ^{sk}，函数 (θ) 的值为 $g(\theta^{sk})$，计算式（2-123）至式（2-126）的变量：

$$\bar{g}^k N = \frac{1}{N} \sum_{s=1}^{N} g(\theta^{sk}) \tag{2-123}$$

$$\bar{g} = \frac{1}{M} \sum_{k=1}^{M} \bar{g}_N^k \tag{2-124}$$

$$W = \frac{1}{M} \sum_{k=1}^{M} \frac{1}{N} \sum_{s=1}^{N} \left[g(\theta^{sk}) - \bar{g}_N^k \right]^2 \tag{2-125}$$

$$B = \frac{N}{M-1} \sum_{k=1}^{M} \left[\bar{g}_N^k - \bar{g} \right]^2 \tag{2-126}$$

从而我们可以得到式（2-127）：

$$Var[\bar{g}(\theta)] = \frac{N-1}{N} W + \frac{1}{N} B \tag{2-127}$$

根据以上变量，Gelman 设计了如式（2-128）所示的 PSRF 指标（Potential Scale Reduction Factor，PSRF）：

$$R = \sqrt{\frac{Var[\bar{g}(\theta)]}{W}} \qquad (2-128)$$

以上介绍的 Gelman 方法是针对单个参数进行的，对于多个参数，上面的计算公式调整为：

$$\bar{g}_N^k = \frac{1}{N}\sum_{s=1}^{N} g(\theta^{sk}) \qquad (2-129)$$

$$\bar{g} = \frac{1}{M}\sum_{k=1}^{M} \bar{g}_N^k \qquad (2-130)$$

$$W = \frac{1}{M(N-1)}\sum_{k=1}^{M}\sum_{s=1}^{N}[g(\theta^{sk}) - \bar{g}_N^k][g(\theta^{sk}) - \bar{g}_N^k]' \qquad (2-131)$$

$$B = \frac{N}{M-1}\sum_{k=1}^{M}(\bar{g}_N^k - \bar{g})(\bar{g}_N^k - \bar{g})' \qquad (2-132)$$

$$Cov[\bar{g}(\theta)] = \frac{N-1}{N}W + \left(1 + \frac{1}{M}\right)\frac{1}{N}B \qquad (2-133)$$

$$R = \frac{N-1}{N} + \frac{M+1}{M}\lambda_1 \qquad (2-134)$$

其中，λ_1 是矩阵 $W^{-1}B/N$ 的最大特征值。

Gelman 通过随机模拟试验指出，如果 $r>1.2$，那么抽样存在着收敛性问题。

三、边际概率密度的计算

虽然在随机抽样时有时并没用到边际概率密度函数，但在采用 Bayes 方法对模型进行估计及检验时，边际概率密度函数的计算也是非常重要的。从前面的分析可以看出，边际概率密度函数 $p(Y_T^*)$ 可由式（2-135）确定：

$$p(Y_T^*) = \int[L(\theta|Y_T^*) \cdot p(\theta)]d\theta \qquad (2-135)$$

其中，$L(\theta|Y_T^*)$ 是基于样本数据 $Y_T^* = \{y_t^*, t = 1, \cdots, T\}$ 得到的似然函数，T 是样本容量。

Gelfand-Dey（1994）证明了以下定理：对于任意的概率密度函数 $f(\theta)$，若事后概率密度函数 $p(\theta|Y_T^*)$ 的支持域（Support）包含概率密度函数 $f(\theta)$ 的支持域，则式（2-136）成立：

$$E_{\theta|Y_T^*}\left[\frac{f(\theta)}{p(\theta)L(\theta|Y_T^*)}\right] = \frac{1}{p(Y_T^*)} \qquad (2-136)$$

根据该定理，如果定义以下函数：

$$g(\theta) = \frac{f(\theta)}{p(\theta)L(\theta|Y_T^*)} \qquad (2-137)$$

那么，我们就可以按照前面介绍的 Monte Carlo 模拟方法计算函数 $g(\theta)$ 的均值及其方差，并进而能够计算边际概率密度函数 $p(Y_T^*)$。

另外一个计算边际概率密度函数 $p(Y_T^*)$ 的方法是 Laplace 近似方法，该方法的计算公式如式（2-138）至（2-140）所示：

$$p(Y_T^*) = (2\pi)^{k/2} p(\theta^M|Y_T^*) \cdot p(\theta^M) |\Sigma_{\theta^M}|^{-1/2} \qquad (2-138)$$

$$\Sigma_{\theta^M} = H(\theta^M) \qquad (2-139)$$

$$H(\theta) = \frac{\partial^2 \ln p(\theta)}{\partial\theta\partial\theta'} + \frac{\partial^2 \ln L(\theta|Y_T^*)}{\partial\theta\partial\theta'} \qquad (2-140)$$

其中，θ^M 是事后概率密度函数 $p(\theta|Y_T^*)$ 的众数（Mode）。

第四节　基于应用的 DSGE 模型理论扩展

在前文，我们已说明 DSGE 模型因其坚实的微观基础和显性的建模框架特征而具有广大的扩展空间，例如，金融加速器效应分析（Bernanke, Gertler & Gilchrist, 1996；Christensen & Dib, 2005；De Graeve, 2008；刘斌, 2008；谭政勋、王聪, 2011；刘兰凤、袁申国, 2012；张良贵、孙久文、王立勇，2014；骆祚炎、罗亚南，2016）、影子银行效应分析（Gorton & Metrick，2010；李波、伍戈，2011；毛泽盛、万亚兰，2012；于菁，2013；封思贤、居维维、李斯嘉，2014；Benjamin et al.，2015；胡志鹏，2016；马亚明、徐洋，2017）、房地产部门结构分析（Aoki et al.，2004；Goodhart，2008；谭政勋、王聪，2011；侯成其、龚六堂，2014；郑忠华、邸俊鹏，2015；中国人民银行南昌中心支行课题组，2016；陈利锋，2017）、环境规划问题研究（Stern，2007；K. Angelopoulos et al.，2010、2013；郑丽琳等，2012；齐结斌、胡育蓉，2013；B. Annicchiarico et al.，2015；肖红叶、程郁泰，2017）、政策调控效应分析（Christiano & Eichenbaum，1992；Finn，1998；王晓天、张淑娟，2007；刘斌，2008；Leeper et al.，2010；王文甫，2010；简志宏等，2012；Ravn，2014；Hollander & Liu，2016；温兴春，2017；洪昊、朱培金，2017）、经济主体差异性研究（梁斌，2011；Badarau & Levieuge，2011；Jame，2011；Massaro，2013；毛丰付、李言，2017；陈利锋，2017；温兴春，2017）等，以及扩展到开放经济环境（Obstfeld & Rogoff，1996；McCallum & Nelson，2000；Lubik & Schorfheide，2005；Adolfson et al.，2007；马丽娟，2012；金中夏、洪浩，2013；闫思，2013；李霜等，2015；孙立新，2016；唐琳等，2016；王胜、孙一腾，2017）等。其中，与本书研究主题相关的应用扩展内容主要是对经济主体产业差异性的刻画，前文已对相关文献进行了详细综述和评析，本书将在下一章专门探讨 DSGE 模型产业化改进的建模过程，因此，这里不再对相关扩展内容赘述，感兴趣的读者可以参看相关文献。

产业化DSGE理论框架的构建

考虑到模型的复杂性与规模性,以及难以达到的数据高要求,本书采用封闭经济规则设定,而对国际影响简单地处理为外部环境冲击作用。以 CEE-SW 经典模型设定为基准,对其进行产业差异性划分改进。在经典模型中,居民和厂商进行行为优化选择,央行制定货币政策规则,最终产品市场达到均衡。本书在此基础上构建产业化 DSGE 理论框架,主要在两方面进行改进:一是对产业进行差异性划分;二是补充政府财政政策规则。在产业化 DSGE 理论框架中,对居民、厂商和政府行为选择进行刻画,重点突出对产业差异性的划分。基于生产技术产业划分,在一般均衡逻辑框架下,给出三方面的内容:①居民对应产业下消费、就业、投资和资本形成的差异性行为;②最终产品供给、中间产品生产与要素价格形成;③政府行为的一般均衡机制。

在 CEE-SW 经典模型的设定中,经济系统是由家庭、厂商和货币当局三类经济主体构成的封闭经济体。其中,家庭具有无限期存活特征,通过跨期优化选择,在收入预算约束和资本累积条件下,对消费、闲暇和现金余额进行优化选择,实现终身效用最大化。在黏性特征方面,家庭消费具有外生习惯特征,投资受到调整成本的约束,并且资本在生产投入过程中具有随时间可变的资本利用率。由于劳动力市场处于垄断竞争状态,家庭向厂商提供的物质资本具有同质性,但其提供的劳动具有差异性,因此,家庭在劳动力需求约束下，对工资率具有一定的定价权。厂商分为最终产品生产商和中间产品生产商，最终产品生产商利用有差异的中间产品加工生产最终产品，并提供给其他经济主体。假定最终产品市场属于完全竞争状态，长期下，最终产品生产商的利润为零。中间产品生产商在资本租金率和工资率下，利用家庭提供的资本和劳动力进行生产，并将中间产品出售给最终产品生产商。假定中间产品市场处于垄断竞争状态，中间产品生产商在产品需求约束下，对中间产品价格具有一定的定价权，同时在剔除劳动力成本和资本租金成本后，将超额利润以红利形式转移支付给家庭。货币当局（中央银行）采用货币政策规则（泰勒规则）实现预期目标，市场处于均衡状态。

以 SW（2003）为基础构建模型，本书在牛永青（2014）的模型基础上进一步扩展为三次产业部门的 DSGE 模型。通过引入三次产业划分，假设模型由对应的三个产业部门构成，无限期存活的代表性家庭消费三个产业部门的产品，并为其生产提供劳动投入和资本投入，各产业部门的厂商由最终产品生产商和中间产品生产商构成。具体来说，代表性家庭具有给定的初始禀赋、生产技术和偏好，并对工资具有一定的定价权；最终产品生产商利用有差异的中间产品加工生产最终产品；中间产品生产商处于垄断竞争市场，可自行调整其产品价格。政府满足预算平衡规则。在最终产品市场上，各产业部门产出供给等于相应产业部门的消费、投资和政府支出之和，社会总变量等于各产业部门变量之和，社会平均价格等于各产业部门价格的几何平均值。

第一节　居民部门

假设家庭连续分布于区间 [0，1] 上，其中，代表性家庭 τ 的终身效用函数如式（3-1）所示：

$$E_0 \sum_{t=0}^{\infty} \beta^t U_t^\tau \tag{3-1}$$

其中，β 是贴现因子，U_t^τ 是家庭 τ 在 t 时期的效用函数，假设 t 时效用函数 U_t^τ 是对应三次产业产品消费和劳动投入的不变跨期替代弹性形式：

$$U_t^\tau = \varepsilon_t^B \left[\frac{(c_{1,t})^{1-\sigma_{c1}}}{1-\sigma_{c1}} + \frac{(c_{2,t})^{1-\sigma_{c2}}}{1-\sigma_{c2}} + \frac{(c_{3,t})^{1-\sigma_{c3}}}{1-\sigma_{c3}} \right] - \varepsilon_t^L \left[\frac{(l_{1,t})^{1+\sigma_{l1}}}{1+\sigma_{l1}} + \frac{(l_{2,t})^{1-\sigma_{l2}}}{1+\sigma_{l2}} + \frac{(l_{3,t})^{1+\sigma_{l3}}}{1+\sigma_{l3}} \right] \tag{3-2}$$

其中，σ_{c1}、σ_{c2} 和 σ_{c3} 分别是代表性家庭对应三次产业部门消费的跨期替代弹性倒数，σ_{l1}、σ_{l2} 和 σ_{l3} 分别是三次产业部门中影响实际工资的劳动投入弹性倒数。代表性家庭对三次产业部门产品的消费产生正效用，对三次产业部门的劳动投入产生负效用。在家庭 τ 的效用函数中，经典设定还考虑了两种外生冲击：影响家庭消费跨期替代的偏好冲击 ε_t^B 和影响家庭闲暇跨期选择的有效劳动供给冲击 ε_t^L，假设这两种冲击具有式（3-3）和式（3-4）的动态过程：

$$\log(\varepsilon_t^B) = (1-\rho_B)\log(\bar{\varepsilon}^B) + \rho_B \log(\varepsilon_{t-1}^B) + \eta_t^B \tag{3-3}$$

$$\log(\varepsilon_t^L) = (1-\rho_L)\log(\bar{\varepsilon}^L) + \rho_L \log(\varepsilon_{t-1}^L) - \eta_t^L \tag{3-4}$$

其中，$\bar{\varepsilon}^B$、$\bar{\varepsilon}^L$ 分别是 ε_t^B、ε_t^L 在稳态时的取值，η_t^B、η_t^L 是随机误差项，服从独立同分布的白噪声过程。

假设代表性家庭满足式（3-5）的产业化扩展的预算恒等式：

$$T_t + c_{1,t} + c_{2,t} + c_{3,t} + I_{1,t} + I_{2,t} + I_{3,t} + \frac{B_t}{P_t} = r_{1,t}k_{1,t-1} + r_{2,t}k_{2,t-1} + r_{3,t}k_{3,t-1} +$$

$$w_{1,t}l_{1,t} + w_{2,t}l_{2,t} + w_{3,t}l_{3,t} + \frac{R_{t-1}B_{t-1}}{P_t} + Tr_t \tag{3-5}$$

其中，家庭以政府债券的形式持有金融财富。代表性家庭在期初获得资本收入和工资收入，以及上期带来的债券收益和政府转移支付，在本期用于三次产业部门的消费和投资，并购买新的政府债券，缴纳税收。此外，代表性家庭还受到三次产业部门对应资本积累方程的约束，即：

$$k_{i,t} = I_{i,t}\left[1 - \frac{\kappa_i}{2}\left(1 - \frac{\varepsilon_t^I I_{i,t}}{I_{i,t-1}}\right)^2\right] + (1-d)k_{i,t-1}, \qquad i=1,2,3 \tag{3-6}$$

其中，$S_{i,t}=1-\dfrac{\kappa_i}{2}\left(1-\dfrac{\varepsilon_t^I I_{i,t}}{I_{i,t-1}}\right)^2$ 是各产业单位投资的调整成本。ε_t^I 是投资调整成本冲击项，假设其动态过程如式（3-7）所示：

$$\log(\varepsilon_t^I)=(1-\rho_I)\log(\bar{\varepsilon}^I)+\rho_I\log(\varepsilon_{t-1}^I)+\eta_t^I \tag{3-7}$$

其中，$\bar{\varepsilon}^I$ 是 ε_t^I 在稳态时的取值，η_t^I 是随机误差项，服从独立同分布的白噪声过程。

假设 λ_t 是家庭预算约束对应的拉格朗日乘子，则 λ_t 实际上代表了财富的边际效用，考虑到家庭的同质性，假设不同家庭财富的边际效用是相同的。假设三次产业部门对应资本品价格分别为 $q_{i,t}(i=1,2,3)$，则家庭跨期效用最大化满足以下拉格朗日函数形式，得到产业化改进的家庭行为最优决策条件：

$$L=E\sum_{t=0}^{\infty}\beta^t\left\{\begin{array}{l}\varepsilon_t^B\left[\dfrac{(c_{1,t})^{1-\sigma_{c1}}}{1-\sigma_{c1}}+\dfrac{(c_{2,t})^{1-\sigma_{c2}}}{1-\sigma_{c2}}+\dfrac{(c_{3,t})^{1-\sigma_{c3}}}{1-\sigma_{c3}}\right]\\[4pt]-\varepsilon_t^L\left[\dfrac{(l_{1,t})^{1+\sigma_{l1}}}{1+\sigma_{l1}}+\dfrac{(l_{2,t})^{1+\sigma_{l2}}}{1+\sigma_{l2}}+\dfrac{(l_{3,t})^{1+\sigma_{l3}}}{1+\sigma_{l3}}\right]\\[4pt]+\lambda_t\left[\begin{array}{l}r_{1,t}k_{1,t-1}+r_{2,t}k_{2,t-1}+r_{3,t}k_{3,t-1}+w_{1,t}l_{1,t}+w_{2,t}l_{2,t}+w_{3,t}l_{3,t}\\[4pt]+\dfrac{R_{t-1}B_{t-1}}{P_t}+Tr_t-c_{1,t}-c_{2,t}-c_{3,t}-I_{1,t}-I_{2,t}-I_{3,t}-\dfrac{B_t}{P_t}-T_t\end{array}\right]\\[4pt]+\lambda_t q_{1,t}\left[I_{1,t}\left(1-\dfrac{\kappa_1}{2}\left(1-\dfrac{\varepsilon_t^I I_{1,t}}{I_{1,t-1}}\right)^2\right)+(1-d)k_{1,t-1}-k_{1,t}\right]\\[4pt]+\lambda_t q_{2,t}\left[I_{2,t}\left(1-\dfrac{\kappa_2}{2}\left(1-\dfrac{\varepsilon_t^I I_{2,t}}{I_{2,t-1}}\right)^2\right)+(1-d)k_{2,t-1}-k_{2,t}\right]\\[4pt]+\lambda_t q_{3,t}\left[I_{3,t}\left(1-\dfrac{\kappa_3}{2}\left(1-\dfrac{\varepsilon_t^I I_{3,t}}{I_{3,t-1}}\right)^2\right)+(1-d)k_{3,t-1}-k_{3,t}\right]\end{array}\right\}$$

消费的一阶条件如式（3-8）所示：

$$\varepsilon_t^B(c_{i,t})^{-\sigma_{ci}}=\lambda_t,\qquad i=1,2,3 \tag{3-8}$$

投资的一阶条件如式（3-9）所示：

$$q_{i,t}\left[1-\frac{\kappa_i}{2}\left(1-\frac{\varepsilon_t^I I_{i,t}}{I_{i,t-1}}\right)^2+\kappa_i\left(1-\frac{\varepsilon_t^I I_{i,t}}{I_{i,t-1}}\right)\left(\frac{\varepsilon_t^I I_{i,t}}{I_{i,t-1}}\right)\right]-$$
$$\beta\frac{\lambda_{t+1}}{\lambda_t}q_{i,t+1}\left[\kappa_i\left(1-\frac{\varepsilon_{t+1}^I I_{i,t+1}}{I_{i,t}}\right)\frac{\varepsilon_{t+1}^I I_{i,t+1}}{I_{i,t}}\frac{I_{i,t+1}}{I_{i,t}}\right]=1 \quad ,\quad i=1,2,3 \quad (3-9)$$

资本的一阶条件如式（3-10）所示：

$$\beta E_t\frac{\lambda_{t+1}}{\lambda_t}\left[r_{i,t+1}+q_{i,t+1}(1-d)\right]=q_{i,t}, \qquad i=1,2,3 \quad (3-10)$$

政府债券的一阶条件如式（3-11）所示：

$$E_t\left(\beta\frac{\lambda_{t+1}}{\lambda_t}\frac{R_t}{\pi_{t+1}}\right)=1 \qquad (3-11)$$

假设劳动力市场处于垄断竞争状态，家庭提供的劳动服务具有差异性，对工资率设定具有一定的定价权。参考 SW（2003），假设家庭采用卡尔沃价格交错调整机制（Calvo，1983），即家庭能够接收到"工资调整信号"并对工资进行优化调整的概率为 $1-\xi_w$，假设各部门家庭 τ 在 t 期接收到这一信号后，会将名义工资率调整到一个新的水平 $W_{i,t}^*$。可见，家庭不能对工资进行优化调整的概率为 ξ_w，这个参数测度了名义工资的黏性程度。当家庭不能对工资进行优化调整时，按照过去的通货膨胀对工资进行指数化调整，即：

$$W_{i,t}^\tau=\left(\frac{P_{t-1}}{P_{t-2}}\right)^{\gamma^w}W_{i,t-1}^\tau, \qquad i=1,2,3 \quad (3-12)$$

代表性家庭在最大化其跨期目标函数设定名义工资时，不仅受到工资调整机制的限制约束，还需要满足劳动需求函数，即：

$$l_{i,t}=\left(\frac{W_{i,t}^\tau}{W_{i,t}}\right)^{-\frac{1+\lambda_{w,t}}{\lambda_{w,t}}}L_{i,t}, \qquad i=1,2,3 \quad (3-13)$$

其中，$\lambda_{w,t}$ 是经济环境中的工资定价冲击，决定了劳动市场中工资的加成率，假设 $\lambda_{w,t}=\bar{\lambda}_w+\eta_t^w$，其中，$\eta_t^w$ 服从独立同分布的白噪声远程。$L_{i,t}$（$i=1,2,3$）是各产业部门的总劳动需求，$W_{i,t}$（$i=1,2,3$）是各产业部门的名义工资，两者通过 Dixit-Stuglitz 加总函数形式给出：

$$L_{i,t} = \left[\int_0^1 \left(l_{i,t}^\tau \right)^{\frac{1}{1+\lambda_{w,t}}} d\tau \right]^{1+\lambda_{w,t}} \qquad (3-14)$$

$$W_{i,t} = \left[\int_0^1 \left(W_{i,t}^\tau \right)^{-\frac{1}{\lambda_{w,t}}} d\tau \right]^{-\lambda_{w,t}} \qquad (3-15)$$

在家庭对各产业产品生产的工资定价约束和劳动需求约束下，最大化其跨期效用目标函数，即：

$$\max E_t \sum_{j=0}^\infty \left\{ (\beta \xi_{i,w})^t \left[\lambda_{t+j} w_{i,t+j}^\tau l_{i,t+j}^\tau - \varepsilon_{t+j}^L \frac{\left(l_{i,t+j}^\tau \right)^{1+\sigma_{li}}}{1+\sigma_{li}} \right] \right\}, \qquad i = 1, 2, 3$$

$$(3-16)$$

$$\text{s. t.} \qquad W_{i,t+j}^\tau = \frac{P_{t+j-1}}{P_{t+j-2}} \cdots \frac{P_t}{P_{t-1}} W_{i,t}^\tau = \frac{P_{t+j-1}}{P_{t-1}} W_{i,t}^\tau \qquad (3-17)$$

$$l_{i,t+j} = \left(\frac{W_{i,t+j}^\tau}{W_{i,t+j}} \right)^{-\frac{1+\lambda_{w,t}}{\lambda_{w,t}}} L_{i,t+j} \qquad (3-18)$$

$$w_{i,t+j}^\tau = W_{i,t+j}^\tau / P_{t+j} \qquad (3-19)$$

$$\tilde{w}_{i,t}^\tau = W_{i,t}^* / P_t \qquad (3-20)$$

将约束条件代入目标函数并求一阶条件得到以下产业化改进的家庭最优工资定价：

$$E_t \sum_{j=0}^\infty \left\{ (\beta \xi_{i,w})^j \frac{l_{i,t+j}^\tau}{\lambda_{w,t+j}} \left[\lambda_{t+j} \tilde{w}_{i,t}^\tau \frac{P_{t+j-1}/P_{t-1}}{P_{t+j}/P_t} - \varepsilon_{t+j}^L (1+\lambda_{w,t+j})(l_{i,t+j}^\tau)^{\sigma_{li}} \right] \right\} = 0, \quad i = 1, 2, 3$$

$$(3-21)$$

根据总实际工资的指数化过程，有：

$$W_{i,t} = \left[(1-\xi_w)(W_{i,t})^{-\frac{1}{\lambda_{w,t}}} + \xi_w \left[\frac{P_{t-1}}{P_{t-2}}(W_{i,t-1}) \right]^{-\frac{1}{\lambda_{w,t}}} \right]^{-\lambda_{w,t}} \qquad (3-22)$$

式（3-22）用实际工资表示为式（3-23）：

$$w_{i,t} = \left[(1-\xi_w)(\tilde{w}_{i,t})^{-\frac{1}{\lambda_{w,t}}} + \xi_w \left[\pi_{t-1}(w_{i,t-1}/\pi_t) \right]^{-\frac{1}{\lambda_{w,t}}} \right]^{-\lambda_{w,t}} \qquad (3-23)$$

第二节　技术与厂商

假设每个产业部门都存在两种类型的厂商，分别为单一的最终产品生产商和在 $j \in [0,1]$ 上连续分布的中间产品生产商。假设每一个中间产品生产商只生产一种中间产品。各产业的最终产品生产商将有差异的中间产品加工成单一形式的产业最终产品，并提供给其他经济主体，假定各产业最终产品市场处于完全竞争状态，长期利润为零。各产业连续分布的中间产品生产商在资本租金率和工资率价格体系约束下，选择最优的资本和劳动要素投入进行生产，并将中间产品出售给最终产品生产商。假定各产业中间产品处于垄断竞争状态，中间产品生产商在产品需求的约束下，对中间产品具有一定的定价权。

一、各产业部门最终产品生产商

设定社会最终产品为各产业部门最终产品之和，即 $y_t = y_{1t} + y_{2t} + y_{3t}$，其中，$y_t$ 是社会最终产品，$y_{it}(i = 1, 2, 3)$ 是各产业部门的最终产品。假设在完全竞争条件下，各产业部门最终产品存在统一的社会最终产品最优价格 P_t 和中间产品的最优需求，并采用不变替代弹性的 CES 生产技术，即：

$$y_{it} = \left(\int_0^1 (y_t^j)^{\frac{\theta-1}{\theta}} dj \right)^{\frac{\theta}{\theta-1}} \qquad i = 1, 2, 3 \qquad (3-24)$$

其中，y_t^j 为 t 期各产业部门最终产品生产中投入 j 类中间产品的数量，θ 表示各种中间产品之间的替代弹性。在技术约束下，企业追求 $\max P_t y_{it} - \int_0^1 P_t^j y_t^j dj$，即利润最大化。求解一阶条件，得到产业化改进的各部门最终产品生产商对中间产品的最优需求 $y_t^j = \left(\dfrac{P_t^j}{P_t} \right)^{-\theta} y_{i,t}$，以及最终产品的完全竞

争价格 $P_t = \left[\displaystyle\int_0^1 (P_t^j)^{1-\theta} dj \right]^{-\frac{1}{\theta-1}}$。

二、各产业部门中间产品生产商

各产业部门中间产品生产商在给定的资本租金率和工资率下，利用家庭提供的资本和劳动进行生产，并将有差异的中间产品出售给最终产品生产商。中间产品市场处于垄断竞争状态，中间产品生产商在产品需求的约束下，对中间产品具有一定的定价权。假设各产业部门中间产品生产商采用柯布—道格拉斯生产技术，即：

$$y_{it} = A_t k_{it-1}^{\alpha_i} l_{it}^{1-\alpha_i} \qquad i = 1, 2, 3 \qquad (3-25)$$

其中，y_{it} 是各产业部门产出，k_{it-1} 是生产过程中各产业部门投入的资本，l_{it} 是生产过程中各产业部门投入的劳动，α_i（i = 1，2，3）分别是各产业部门的资本产出弹性。A_t 是生产率冲击，假设其动态过程如式（3-26）所示：

$$\log(A_t) = (1 - \rho_a)\log(\bar{A}) + \rho_a(A_{t-1}) + e_t^a \qquad (3-26)$$

其中，$\bar{A}$ 是 A_t 稳态时的取值，e_t^a 是服从独立同分布的白噪声过程。值得注意的是，这里的技术是广义经济环境概念，包括技术创新、制度创新、市场环境，以及自然环境的变化等，也包含国外经济环境的影响。

各产业部门分别采用对应的资本租金率 r_{it} 和实际工资率 w_{it}，在生产函数约束下，中间产品生产商通过成本最小化来确定产业化改进的生产要素投入组合和最优决策下的实际边际成本：

$$\frac{w_{it} l_{it}}{r_{it} k_{it}} = \frac{1 - \alpha_i}{\alpha_i} \qquad i = 1, 2, 3 \qquad (3-27)$$

$$mc_{it} = \frac{1}{A_t}(w_{it})^{1-\alpha_i}(r_{it})^{\alpha_i}(1-\alpha_i)^{-(1-\alpha_i)}\alpha_i^{-\alpha_i} \qquad i = 1, 2, 3 \qquad (3-28)$$

由于不同中间产品之间具有差异性，所以中间产品市场是垄断竞争

的，中间产品生产商对产品具有一定的定价权。同样假设各产业部门采用卡尔沃价格交错调整机制（Calvo，1983），即厂商能够接收到"价格调整信号"并对产品价格进行优化调整的概率为 $1-\xi$。若设 $P_{i,t}^*$ 为中间产品最优价格，则 t 时期可调整价格的各产业中间产品厂商期望利润最大化的价格决定如式（3-29）至式（3-32）所示：

$$\max E_t \sum_{t=0}^{\infty} \left[(\beta\xi)^t \lambda_{t+i} (p_{i,t+i} y_{i,t+i} - mc_{i,t+i} y_{i,t+i}) \right] \qquad (3-29)$$

$$s.\,t. \qquad y_{i,t+i} = \left(\frac{P_{i,t+i}}{P_{t+i}} \right)^{-\theta} y_{t+i} \qquad (3-30)$$

$$P_{i,t+i} = \left(\frac{P_{t+i-1}}{P_{t+i-2}} \right) \cdots \left(\frac{P_t}{P_{t-1}} \right) = \left(\frac{P_{t+i-1}}{P_{t-1}} \right) P_{i,t}^* \qquad (3-31)$$

$$p_{i,t+i} = \frac{P_{i,t+i}}{P_{t+i}} \qquad (3-32)$$

产业化改进的最优价格一阶条件如式（3-33）所示：

$$E_t \sum_{t=0}^{\infty} \left\{ (\beta\xi)^t \lambda_{t+i} y_{i,t+i} \left[\left(\frac{P_{t+i-1}}{P_{t-1}} \right) \frac{P_{i,t}^*}{P_{t+i}} (1-\theta) + \theta \cdot mc_{i,t+i} \right] \right\} = 0 \qquad i=1,2,3$$

$$(3-33)$$

根据各产业部门总价格水平 P 的加总函数形式，总价格水平可以写成如式（3-34）所示的指数化变动过程：

$$P_{i,t} = \left[(1-\xi_p)(P_{i,t}^*)^{(1-\theta)} + \xi_p (P_{i,t-1})^{(1-\theta)} \right]^{\frac{1}{\theta-1}} \qquad (3-34)$$

或者写成如式（3-35）所示的形式：

$$1 = (1-\xi_p)(p_{i,t}^*)^{1-\theta} + \xi_p \left(\frac{1}{\pi_{i,t}} \right)^{1-\theta} \qquad i=1,2,3 \qquad (3-35)$$

假设经济总体的平均通货膨胀水平为三次产业部门通胀水平的几何平均值，即：

$$\pi_t = \sqrt[3]{\pi_{1,t} \cdot \pi_{2,t} \cdot \pi_{3,t}} \qquad (3-36)$$

第三节　政府部门

在政府预算概念内，政府财政支出与收入平衡可表示为式（3-37）：

$$T_t + b_t = g_t + \frac{R_t b_{t-1}}{\pi_t} + Tr_t \qquad (3-37)$$

其中，财政支出为政府购买性支出 g_t、转移支付 Tr_t 和 t 期需要支付的 $t-1$ 期债券利息 $\dfrac{R_{t-1} b_{t-1}}{\pi_t}$；政府支出的融资方式主要是政府税收 T_t 与债券发行 b_t。参考肖尧和牛永青（2014），假设政府支出、税收和转移支付遵循式（3-38）至式（3-40）的变化过程：

$$g_t = (g_{t-1})^{\rho_g} (b_{t-1}/y_{t-1})^{\phi_g(1-\rho_g)} e_t^g \qquad (3-38)$$

$$T_t = (T_{t-1})^{\rho_T} (y_{t-1})^{\phi_T(1-\rho_T)} e_t^T \qquad (3-39)$$

$$Tr_t = \overline{Tr} \cdot y_{t-1}^{\phi_{Tr}} \qquad (3-40)$$

第四节　最终产品均衡

在最终产品市场上，各产业部门最终产出等于其各产业部门对应的消费、投资和政府支出之和，即：

$$y_{i,t} = c_{i,t} + I_{i,t} + g_{i,t}, \qquad i=1,2,3 \qquad (3-41)$$

社会总变量为各产业部门变量之和，即社会总消费为 $c=c_1+c_2+c_3$，总投资为 $I=I_1+I_2+I_3$，总就业为 $L=L_1+L_2+L_3$，总资本为 $k=k_1+k_2+k_3$；社会平均价格为各产业部门价格的几何平均值，即社会平均工资为 $w=\sqrt[3]{w_1 \cdot w_2 \cdot w_3}$，平均资本价值为 $q=\sqrt[3]{q_1 \cdot q_2 \cdot q_3}$，平均资本收益率为 $r=\sqrt[3]{r_1 \cdot r_2 \cdot r_3}$。

　　综上，本书得到经产业化扩展改进的 DSGE 理论框架，因其在本质上是一个理论框架，具备理论的一般性，能够适用于各经济体的研究，因此，需要结合实际数据将其从一般性理论应用到具体经济体（肖尧，2014），这也是本书第四章的内容，即搭建可动态模拟中国产业经济运行的数据仿真平台，实现 DSGE 模型中国产业化的构建。

DSGE模型中国产业化构建

在 DSGE 模型中国产业化构建中，需将前两章得到的理论框架模型转换为可动态模拟中国产业经济运行的数据仿真平台，这一过程主要包括两部分内容：一是解微分方程组，将理论方程模型用对数线性化形式逼近，得到线性化形式的理论模型系统；二是重新估计对数线性化模型系统内产业层面上剧增的参数，搭建中国产业数据仿真平台，模拟实现中国产业经济运行全过程。在对数线性化形式逼近得到的产业化改进线性模型系统中，模型参数由经典设定中的单一总量参数变为三次产业对应的三个参数，产业层面参数剧增，需要重新估计，对模型系统的逻辑一致性和稳定性运行带来挑战。为应对这一挑战，本章结合重要经济变量的实际数据，采用统计理论方法，完成中国产业化经验数据特征转换，搭建了可动态模拟中国产业经济运行的数据仿真平台。主要工作包括：①基于最优消费决策条件（凯恩斯—拉姆齐规则，简称 K-R）估计三次产业居民消费的跨期替代弹性；②基于收入份额法估计三次产业中间产品生产技术的资本产出弹性；③基于 RIETI 中国产业生产率（CIP）项目提供的行业支出法 GDP 构成数据等核算三次产业产出比重；④依据已有文献校准已达成共识的经济基本面参数，如主观贴现率、资本折旧率、资本收益率等；⑤采用贝叶斯方法估计各产业劳动替代弹性、资本调整成本参数，以及各种政策弹性系数、冲击平滑弹性和黏性程度参数等。

第一节　理论模型对数线性化

在第三章，我们得到了产业化改进的 DSGE 理论框架，该框架系统由复杂庞大的非线性方程组来表示，给模型求解带了来困难。在第二章，我们介绍了五种常用的对数线性化方法，以此将非线性模型转化为线性模型再求解。这里我们采用泰勒近似展开的方法给出三次产业对应重要基本面变量的对数线性化结果。

1. 消费

基于消费的一阶条件式（3-8），可以得到财富边际效用与消费之间的对数线性关系：

$$\hat{\varepsilon}_t^B - \sigma_{ci}\hat{c}_{i,t} = \hat{\lambda}_t \qquad i=1，2，3 \qquad (4-1)$$

2. 投资

基于投资的一阶条件式（3-9），可以得到投资的动态变化过程：

$$\hat{I}_{i,t} = \frac{1}{1+\beta}\hat{I}_{i,t-1} + \frac{\beta}{1+\beta}\hat{I}_{i,t+1} + \frac{1}{(1+\beta)\kappa_i}\hat{q}_{i,t} - \frac{\beta}{1+\beta}\frac{\hat{\varepsilon}_{t+1}^I - \hat{\varepsilon}_t^I}{1} \qquad i=1，2，3 \quad (4-2)$$

3. 资本

基于资本积累方程式（3-6），可以得到资本的动态变化过程：

$$\hat{k}_{i,t} = \hat{d}\hat{I}_{i,t} + (1-d)\hat{k}_{i,t-1} \qquad i=1，2，3 \qquad (4-3)$$

4. 劳动供给

根据中间产品生产要素投入之间的关系式（3-27），可得式（4-4）：

$$\hat{r}_{i,t} + \hat{k}_{i,t-1} = \hat{w}_{i,t} + \hat{l}_{i,t} \qquad i=1，2，3 \qquad (4-4)$$

5. 政府债券

基于政府债券的一阶条件式（3-11），可以得到财富边际效用与利率之间的对数线性关系：

$$\hat{\lambda}_{t+1} - \hat{\lambda}_t + \hat{R}_t - \hat{\pi}_{t+1} = 0 \qquad (4-5)$$

6. 资本品价值

基于资本的一阶条件式（3-10），可以得到资本品价值与财富边际效用、资本租金收益率之间的动态关系：

$$\hat{q}_{i,t} = \hat{\lambda}_{t+1} - \hat{\lambda}_t + \frac{\hat{r}_i}{\bar{r}_i + (1-d)} \hat{r}_{i,t+1} + \frac{1-d}{\bar{r}_i + (1-d)} \hat{q}_{i,t+1} \qquad i = 1,\ 2,\ 3 \qquad (4-6)$$

把式（4-5）代入式（4-6），可以得到资本品价值的动态方程：

$$\hat{q}_{i,t} = \hat{\pi}_{t+1} - \hat{R}_t + \frac{\bar{r}_i}{\bar{r}_i + (1-d)} \hat{r}_{i,t+1} + \frac{1-d}{\bar{r}_i + (1-d)} \hat{q}_{i,t+1} + e_t^q \qquad i = 1,\ 2,\ 3 \qquad (4-7)$$

其中，e_t^q 表示股权溢价冲击。

7. 实际工资

令

$$wa_{i,t} = \sum_{j=0}^{\infty} \frac{(\beta \xi_w)^j}{\lambda_{w,t+j}} \lambda_{t+j} l_{i,t+j}^{\tau} \frac{P_{t+j-1}/P_{t-1}}{P_{t+j}/P_t} \qquad (4-8)$$

$$wb_{i,t} = \sum_{j=0}^{\infty} \frac{(\beta \xi_w)^j}{\lambda_{w,t+j}} \varepsilon_{t+j}^L (1 + \lambda_{w,t+j}) (l_{i,t+j}^{\tau})^{1+\sigma_{li}} \qquad (4-9)$$

则工资的一阶条件式（3-21）可以写为式（4-10）：

$$E_t(\tilde{w}_{i,t}^{\tau} wa_{i,t} - wb_{i,t}) = 0 \qquad (4-10)$$

式（4-10）可对数线性化为式（4-11）：

$$\hat{\tilde{w}}_{i,t}^{\tau} + \widehat{wa}_{i,t} - \widehat{wb}_{i,t} = 0 \qquad (4-11)$$

式（4-8）和式（4-9）两个式子可以写为式（4-12）和式（4-13）的递归形式：

$$wa_{i,t} = \beta \xi_w wa_{i,t+1} \frac{\pi_t}{\pi_{t+1}} + \frac{\lambda_t l_{i,t}^{\tau}}{\lambda_{w,t}} \qquad (4-12)$$

$$wb_{i,t} = \beta \xi_w wb_{i,t+1} + \frac{\varepsilon_t^L (1 + \lambda_{w,t}) (l_{i,t}^{\tau})^{1+\sigma_{li}}}{\lambda_{w,t}} \qquad (4-13)$$

式（4-12）和式（4-13）对数线性化的结果如式（4-14）和式（4-15）所示：

$$\widehat{wa}_{i,t} = \beta \xi_w \widehat{wa}_{i,t+1} + \beta \xi_w (\hat{\pi}_t - \hat{\pi}_{t+1}) + (1 - \beta \xi_w)(\hat{\lambda}_t + \hat{l}_{i,t}^{\tau} - \hat{\lambda}_{w,t}) \qquad (4-14)$$

$$\widehat{wb}_{i,t} = \beta\xi_w\,\widehat{wb}_{i,t+1} + (1-\beta\xi_w)\left[\hat{\varepsilon}_t^L + (1+\sigma_{li})\hat{l}_{i,t}^\tau - \frac{1}{1+\bar{\lambda}_w}\hat{\lambda}_{w,t}\right] \quad (4-15)$$

将 $\widehat{wa}_{i,t}$ 和 $\widehat{wb}_{i,t}$ 代入 $\hat{\tilde{w}}_{i,t}^\tau + \widehat{wa}_{i,t} - \widehat{wb}_{i,t} = 0$，得式（4-16）：

$$\hat{\tilde{w}}_{i,t}^\tau - \beta\xi_w\hat{\tilde{w}}_{i,t+1}^\tau + \beta\xi_w(\hat{\pi}_t - \hat{\pi}_{t+1}) -$$

$$(1-\beta\xi_w)\left(\hat{\varepsilon}_t^L - \hat{\lambda}_t + \sigma_{li}\hat{l}_{i,t}^\tau + \frac{\bar{\lambda}_w}{1+\bar{\lambda}_w}\hat{\lambda}_{w,t}\right) = 0 \quad (4-16)$$

根据劳动需求函数 $l_{i,t+j}^\tau = \left(\dfrac{W_{i,t+j}^\tau}{W_{i,t+j}}\right)^{-\frac{1+\lambda_{w,t+j}}{\lambda_{w,t+j}}} L_{i,t+j}$，可得式（4-17）：

$$\hat{l}_{i,t}^\tau = \frac{1+\bar{\lambda}_w}{\bar{\lambda}_w}(\hat{w}_{i,t} - \hat{\tilde{w}}_{i,t}^\tau) + \hat{L}_t \quad (4-17)$$

根据总实际工资的指数化过程 $w_{i,t} = \left[(1-\xi_w)(\tilde{w}_{i,t})^{-\frac{1}{\lambda_{w,t}}} + \xi_w[\pi_{t-1}(w_{i,t-1}/\pi_t)]^{-\frac{1}{\lambda_{w,t}}}\right]^{-\lambda_{w,t}}$，得式（4-18）：

$$\hat{w}_{i,t} - (1-\xi_w)\hat{\tilde{w}}_{i,t} - \xi_w(\hat{\pi}_{t-1} + \hat{w}_{i,t-1} - \hat{\pi}_t) = 0 \quad (4-18)$$

将式（4-18）代入式（4-16），整理得式（4-19）：

$$\hat{w}_{i,t} = \frac{1}{1+\beta}\hat{w}_{i,t-1} + \frac{\beta}{1+\beta}\hat{w}_{i,t+1} + \frac{1}{1+\beta}\hat{\pi}_{t-1} - \hat{\pi}_t + \frac{\beta}{1+\beta}\hat{\pi}_{t+1} -$$

$$\frac{1}{(1+\beta)}\frac{(1-\xi_w)(1-\beta\xi_w)}{\left(1+\frac{1+\bar{\lambda}_w}{\bar{\lambda}_w}\sigma_{li}\right)\xi_w}\left(\hat{w}_{i,t} - \hat{\varepsilon}_t^L - \sigma_{ci}\hat{c}_{i,t} - \sigma_{li}\hat{l}_{i,t} - \frac{\bar{\lambda}_w}{1+\bar{\lambda}_w}\hat{\lambda}_{w,t}\right)$$

$$(4-19)$$

8. 菲利普斯曲线

基于式（3-33）的中间产品定价最优条件，可以得到产品最优定价 $\hat{p}_{i,t}^*$ 的动态过程，如式（4-20）所示：

$$\hat{p}_{i,t}^* - \beta\xi\hat{p}_{i,t+1}^* - \beta\xi\pi_{i,t+1} - (1-\beta\xi)\widehat{mc}_{i,t} = 0 \quad i=1,2,3 \quad (4-20)$$

基于总价格指数式（3-35）的变化过程，可以得到最优价格与各部门通货膨胀之间的关系：

$$\xi\hat{\pi}_{i,t} = (1-\xi)\hat{p}_{i,t}^* \quad i=1,2,3 \quad (4-21)$$

基于实际边际成本式（3-28），可以得到式（4-22）：

$$\widehat{mc}_{i,t} = -\hat{A}_t + (1-\alpha_i)\hat{w}_{i,t} + \alpha_i\hat{r}_{i,t} \qquad i=1, 2, 3 \qquad (4-22)$$

将式（4-21）和式（4-22）代入式（4-20），可以得到最终具有标准新凯恩斯特征的动态菲利普斯曲线式（4-23）：

$$\pi_{i,t} = \beta\pi_{i,t+1} + \frac{(1-\beta\xi)(1-\xi)}{\xi}\left[\alpha_i r_{i,t} + (1-\alpha_i)w_{i,t} - A\right] + e_t^p \qquad i=1, 2, 3$$

$$(4-23)$$

其中，e_t^p 表示价格冲击。

根据经济体平均通胀水平式（3-36），可知平均通胀水平的动态变化如式（4-24）所示：

$$\pi_t = \frac{1}{3}(\pi_{1,t} + \pi_{2,t} + \pi_{3,t}) \qquad (4-24)$$

9. 政府部门

借鉴政府债务对财政政策冲击效应存在重要影响的研究，政府购买性支出、税收和转移支付满足式（4-25）至式（4-27）的动态变化过程：

$$\hat{g}_t = \rho_g\hat{g}_{t-1} + \phi_g(1-\rho_g)(\hat{b}_{t-1} - \hat{y}_{t-1}) + e_t^g \qquad (4-25)$$

$$\hat{T}_t = \rho_T\hat{T}_{t-1} + \phi_T(1-\rho_T)\hat{y}_{t-1} + e_t^T \qquad (4-26)$$

$$\widehat{Tr}_t = \phi_{Tr}\hat{y}_{t-1} \qquad (4-27)$$

在政府预算概念内，政府收支平衡的对数线性化结果为式（4-28）：

$$\frac{T}{\bar{f}}\hat{T}_t + \frac{b}{\bar{f}}\hat{b}_t = \frac{g}{\bar{u}}\hat{g} + \frac{Rb}{\bar{u}}(\hat{R} + \hat{b}_{t-1} - \hat{\pi}_t) + \frac{Tr}{\bar{u}}\widehat{Tr}_t \qquad (4-28)$$

其中，$\bar{f} = T+b$，$\bar{u} = g+Rb+Tr$，分别表示稳态时的政府收入与支出项。

10. 货币政策规则

中央银行采用货币政策规则实现其预期目标，假设采用广义的泰勒规则形式：

$$\hat{R}_t = \rho_r\hat{R}_{t-1} + (1-\rho_r)(\rho_y\hat{y}_t + \rho_\pi\hat{\pi}_{t-1}) + e_t^R \qquad (4-29)$$

11. 最终产品市场均衡

由各产业部门产品市场均衡条件式（3-41），可得式（4-30）：

$$\hat{y}_{i,t} = \frac{\bar{c}_i}{\bar{y}_i} \cdot \bar{c}_{1,t} + \frac{\bar{I}_i}{\bar{y}_i} \cdot \hat{I}_{1,t} + \frac{\bar{g}_i}{\bar{y}_i} \cdot \hat{g}_t \qquad i = 1, 2, 3 \qquad (4\text{-}30)$$

基于总产出决定式，得到总产出的动态过程如式（4-31）所示：

$$\hat{y}_t = \frac{\bar{y}_1}{\bar{y}}\hat{y}_{1,t} + \frac{\bar{y}_2}{\bar{y}}\hat{y}_{2,t} + \frac{\bar{y}_3}{\bar{y}}\hat{y}_{3,t} \qquad (4\text{-}31)$$

根据式（3-25）的中间产品生产函数，可得式（4-32）：

$$\hat{y}_{i,t} = \hat{A}_t + \alpha_i \hat{k}_{i,t-1} + (1 - \alpha_i)\hat{l}_{i,t} \qquad i = 1, 2, 3 \qquad (4\text{-}32)$$

12. 总量关系与平均价格

对总消费、总投资、总就业、总资本、平均工资、平均资本价值和平均资本收益率进行对数线性化，得到式（4-33）至式（4-39）：

$$\hat{C} = \frac{c_1}{C}\hat{c}_1 + \frac{c_2}{C}\hat{c}_2 + \frac{c_3}{C}\hat{c}_3 \qquad (4\text{-}33)$$

$$\hat{I} = \frac{I_1}{I}\hat{I}_1 + \frac{I_2}{I}\hat{I}_2 + \frac{I_3}{I}\hat{I}_3 \qquad (4\text{-}34)$$

$$\hat{L} = \frac{L_1}{L}\hat{L}_1 + \frac{L_2}{L}\hat{L}_2 + \frac{L_3}{L}\hat{L}_3 \qquad (4\text{-}35)$$

$$\hat{k} = \frac{k_1}{k}\hat{k}_1 + \frac{k_2}{k}\hat{k}_2 + \frac{k_3}{k}\hat{k}_3 \qquad (4\text{-}36)$$

$$\hat{w} = \frac{1}{3}(\hat{w}_1 + \hat{w}_2 + \hat{w}_3) \qquad (4\text{-}37)$$

$$\hat{q} = \frac{1}{3}(\hat{q}_1 + \hat{q}_2 + \hat{q}_3) \qquad (4\text{-}38)$$

$$\hat{r} = \frac{1}{3}(\hat{r}_1 + \hat{r}_2 + \hat{r}_3) \qquad (4\text{-}39)$$

13. 外生冲击过程

经济体还受到生产率技术冲击、家庭偏好冲击、有效劳动供给冲击和资本调整成本冲击，其动态过程分别如式（4-40）至式（4-43）所示：

$$\hat{A}_t = \rho_a \hat{A}_{t-1} + e_t^a \qquad (4\text{-}40)$$

$$\hat{\varepsilon}_t^B = \rho_B \hat{\varepsilon}_{t-1}^B + \eta_t^B \qquad (4\text{-}41)$$

$$\hat{\varepsilon}_t^L = \rho_L \hat{\varepsilon}_{t-1}^L + \eta_t^L \tag{4-42}$$

$$\hat{\varepsilon}_t^I = \rho_I \hat{\varepsilon}_{t-1}^I + \eta_t^I \tag{4-43}$$

至此，我们得到 43 个内生变量的决定方程，它们分别是三次产业部门所对应的消费 $c_{i,t}$、劳动 $L_{i,t}$、工资 $w_{i,t}$、资本品价格 $q_{i,t}$、资本收益率 $r_{i,t}$、投资 $I_{i,t}$、资本 $k_{i,t}$、通货膨胀率 $\pi_{i,t}$、产出 $y_{i,t}$，$i=1$，2，3，以及所对应的总体变量或平均价格，财富边际效用 λ_t、利率 R_t、技术水平 A_t、政府支出水平 g_t、税收 T_t、转移支付 Tr_t、政府债券 b_t 等。模型系统中存在十种外生冲击，即技术冲击、政府支出冲击、税收冲击、利率冲击、家庭偏好冲击、有效劳动供给冲击、投资调整成本冲击、价格冲击、工资冲击和股权溢价冲击。

第二节　产业层面参数估计

在对数线性化模型系统中，模型参数由经典设定中的单一总量参数变为三次产业对应的三个参数，产业层面参数需要重新估计，并且对模型系统的逻辑一致性和稳定性运行带来挑战。为应对这一挑战，本节采用统计理论方法，完成中国产业化经验数据特征转换，搭建了可动态模拟中国产业经济运行的数据仿真平台，具体工作包括以下五个方面内容：

一、三次产业居民消费跨期替代弹性估计

在家庭跨期优化选择过程中，需要对三次产业对应的居民消费跨期替代弹性重新估计。参阅国内外大量文献，主要有两种方法来测度 σ_c 的值。一种是基于最优消费决策（凯恩斯-拉姆齐规则）的 σ_c 值经验数据测量模型；另一种是基于风险投资决策（阿罗-普拉特风险测量）的 σ_c 值经验数据测量模型（顾六宝、肖红叶，2004）。基于最优消费决策条件（凯恩斯-拉姆齐规则，简称 K-R）的跨期替代弹性如式（4-44）所示：

$$
\begin{cases}
\sigma_{ci} = \dfrac{1}{\theta_{ci}} = \dfrac{\dot{c}/c}{r_i - \rho} & i = 0, 1, 2, \cdots, n \quad \text{各年 } \sigma_c \text{、} \theta_c \text{ 估算值} \\[4mm]
\bar{\sigma}_c = \dfrac{1}{\bar{\theta}_c} = \dfrac{\sqrt[n]{c_n/c_0} - 1}{\displaystyle\sum_{i=1}^{n}(r_i - \rho)/n}
\end{cases}
\tag{4-44}
$$

其中，r_i 为资本边际报酬率，ρ 为时间折现率，σ_{ci} 式中的 $\left(\dfrac{1}{\theta_{ci}}\right)$ 为各 (i) 年度跨期替代弹性经验数据的估计值，其值的时序曲线反映了社会平均风险回避心态的变化轨迹。$\bar{\sigma}_c$ 为某一时期跨期替代弹性均值。代入不同时期段各年度数据，可估算出该时期段平均风险回避系数的经验数据的均值。

基于风险投资决策（阿罗-普拉特风险测量，简称 A-P）的风险回避系数如式（4-45）所示：

$$
\begin{cases}
\theta_{ci} = \dfrac{r_i^e - r_i}{\displaystyle\sum_{i=1}^{n}(r_i^e - r_i)^2/n} & i = 0, 1, 2, \cdots, n \quad \text{各年度 } \theta_c \text{ 值} \\[4mm]
\bar{\theta}_c = \displaystyle\sum_{i=1}^{n} \theta_{ci}/n
\end{cases}
\tag{4-45}
$$

其中，r_i^e 为含风险利率，r_i 为无风险利率，θ_{ci} 为各年度 θ_c 值的经验估算数据，其值的时序曲线($i = 0, 1, 2, \cdots, n$)也反映了社会平均风险回避心态的变化轨迹；其时序均值反映了一段时期的社会平均风险回避参数，可用简单算术平均数，即 $\bar{\theta}_c = \displaystyle\sum_{i=1}^{n} \theta_{ci}/n$ 求得。

鉴于数据的可得性，本书采用 K-R 模型求解消费的跨期替代弹性。基于最优消费决策条件估计各产业消费跨期替代弹性，需要分别核算各产业对应的资产报酬率 r、人均消费增长率 $\dot{c}/c$ 和时间偏好率 ρ：①资产报酬率 r 为人均有效资本的收益与人均有效资本存量的比值，因此，需要测算"资本存量""人均有效资本"和"人均有效资本收益"等指标。RIETI 中国产业生产率（CIP）项目①提供了资本存量和年末人口数的数据（见表4-1）。有效资本收益可以使用收入法GDP构成项目中的资本收入（营业盈余+固定资产折旧）来表示，因为没有分产业的数据，本书按照GDP中三次产业贡献率分摊三次产业的资本收入（见表4-2）。结合RIETI中国产业生产率（CIP）项目中的三次产业年末人口数据和资本存量数据，得出资本回报率=人均资本收益/人均资本存量（见表4-3）。②人均消费增长率有两种计算指标口径：一种是按可比价格计算的居民消费水平指数；另一种是按GDP支出法计算的最终消费与各年底总人口的比值，再用居民消费价格指数平减后测算出"人均最终消费增长率"。本书使用第二种方法。最终消费使用支出法GDP中最终消费数据，CIP也提供了分行业的最终消费数据和年末人口数据，进而可以得到人均最终消费（见表4-4）。居民消费价格指数来自《中国统计年鉴》，剔除价格因素后得到实际人均最终消费，进而得出人均最终消费增长率（见表4-5）。③时间偏好率 ρ 指"现在消费可避免的效用贬值损失的比率"，国外一些经验数据认为 ρ 有一个基准值为0.02。由于中国"均一家庭"的 ρ 值难以经验模拟，在 θ_c 值测算模型K-R中，以巴罗的经验数据为基准，设定 ρ 为0.02。在以上三组指标基础上求解出 θ_c，进一步求解出各产业对应的 σ_c，分别为1.74、2.50、3.24（见表4-6）。

表4-1 分产业部门的资本存量、年末人口数和人均资本存量

年份	资本存量（亿元）			年末人口数（万人）			人均资本存量（万元）		
	第一产业	第二产业	第三产业	第一产业	第二产业	第三产业	第一产业	第二产业	第三产业
1980	1098	5642.19	2008.91	28550.9	11712.9	7647.8	0.038	0.482	0.263
1981	1178.38	5915.12	2108.71	29116.5	12734	8239.5	0.040	0.465	0.256
1982	1262.13	6334.25	2340.47	29975.2	13320.3	8619.4	0.042	0.476	0.272

---

① 中国产业生产率（The China Industrial Productivity，CIP）数据库对外公开的数据资料是CIP（2015），在CIP1.0（2011）的基础上包括了CIP2.0、CIP2.1、CIP2.2（2014）。构建CIP各产业数据时使用的最近数据是2007年或2008年（包括2007年全部投入产出计算、2007年中国家庭收入调查数据、2008年中国经济普查）。为了更新到2010年为止的数据，对缺少的数据进行了装饰补充。2012年或2013年的数据计划在下次大幅修改，而下次修改预定于2017年初进行，但是目前尚无公开的数据。由于本书在参数估计过程中使用了大量的产业数据，需要借助CIP的数据资料，所以这里的数据一般截止到2010年，待新数据公布后可对本书进行更新。

续表

年份	资本存量（亿元）			年末人口数（万人）			人均资本存量（万元）		
	第一产业	第二产业	第三产业	第一产业	第二产业	第三产业	第一产业	第二产业	第三产业
1983	1341.62	6805.7	2603.04	30654.4	13683.9	8981.4	0.044	0.497	0.290
1984	1427.3	7350.74	2971.05	30658.8	14184.7	9828.1	0.047	0.518	0.302
1985	1509.67	8560.93	3557.55	30648.5	14713.2	10662.6	0.049	0.582	0.334
1986	1583.97	9633.84	4073.18	30409.5	15263.5	11535.7	0.052	0.631	0.353
1987	1674.33	10866.76	4616.83	30669	15662.2	11911.2	0.055	0.694	0.388
1988	1758.67	12148.44	5217.75	31163	16174.2	12477.6	0.056	0.751	0.418
1989	1790.1	13447.19	5608.63	31948.5	16883.4	13075.8	0.056	0.796	0.429
1990	1848.56	14658.13	5962.87	32888.5	17006.8	13812.1	0.056	0.862	0.432
1991	1931.23	16514.19	6475.79	33761	16853.3	14284.5	0.057	0.980	0.453
1992	2039.64	18094.41	7476.66	34111.5	16929.1	14559.7	0.060	1.069	0.514
1993	2097.78	21235.26	9006.3	33647.5	17132	15700.5	0.062	1.240	0.574
1994	2265.37	25111.86	11003.58	32974	17312	16845.5	0.069	1.451	0.653
1995	2502.19	31027.27	13194.78	32512.5	17330.5	17917	0.077	1.790	0.736
1996	2735.63	33742.83	15599.87	32298	17512.3	18697.2	0.085	1.927	0.834
1997	2979.9	36565.71	18062.87	32347.5	17736.7	19300.8	0.092	2.062	0.936
1998	3263.9	37669.53	21187.08	32530	17739	19959.5	0.100	2.124	1.062
1999	3579.27	39733.09	25292.02	32769	17530.5	20765.9	0.109	2.267	1.218
2000	3987.53	41941.4	29736.67	32855	17159.2	21846	0.121	2.444	1.361
2001	4509.37	44778.57	35026.66	32624.5	16938.7	23216.4	0.138	2.644	1.509
2002	5105.84	47914.99	41462.93	32221	16593.6	24914.3	0.158	2.888	1.664
2003	5644.58	53905.24	49743.32	31625.5	16353.6	26492.4	0.178	3.296	1.878
2004	6221.22	64891.75	59780.03	30713.7	16779.3	27740.1	0.203	3.867	2.155
2005	6966.79	73216.85	72513.89	29612	17789.8	28564.8	0.235	4.116	2.539
2006	7849.74	86210.5	87699.6	28453.9	18999.6	29080.2	0.276	4.537	3.016
2007	8996.21	101195.93	104241.96	27373.6	20326.7	29383.1	0.329	4.978	3.548
2008	10735.29	124955.44	124486.98	26558	21320.7	29716.3	0.404	5.861	4.189
2009	13338.34	140913.37	154018.27	25815.6	21893.9	30369.3	0.517	6.436	5.072
2010	16072.79	170113.55	188308.2	24988.8	22616.2	30851.4	0.643	7.522	6.104

　　注：由于 RIETI 中国产业生产率（CIP）项目数据库对外公开的数据资料是 CIP（2015），其数据只更新到 2010 年，下次修改预定于 2017 年初进行，但是目前尚无公开的数据。待新数据公布后可对本书相关数据进行更新。

　　资料来源：RIETI 中国产业生产率（CIP）项目。

表4-2　分产业部门的有效资本收益

年份	国内生产总值（亿元）						三次产业贡献率（%）			三次产业资本收入（亿元）		
	国内生产总值	劳动者报酬	固定资产折旧	营业盈余	生产税净额	资本收入	第一产业	第二产业	第三产业	第一产业	第二产业	第三产业
1978	3440.49	1707.82	333.84	953.26	440.81	1287.10	28.1	48.2	23.7	361.6751	620.3822	305.0427
1979	3917.99	2013.06	376.79	1044.21	478.82	1421.00	31.2	47.4	21.4	443.352	673.554	304.094
1980	4372.81	2234.05	427.96	1170.32	529.76	1598.28	30.1	48.5	21.4	481.0823	775.1658	342.0319
1981	4759.50	2507.51	474.64	1201.34	566.63	1675.98	31.8	46.4	21.8	532.9616	777.6547	365.3636
1982	5291.58	2834.51	530.07	1298.86	614.98	1828.93	33.3	45	21.7	609.0337	823.0185	396.8778
1983	5929.68	3180.28	601.31	1455.32	687.18	2056.63	33	44.6	22.4	678.6879	917.257	460.6851
1984	7089.00	3797.65	708.28	1745.14	834.95	2453.42	32	43.3	24.7	785.0944	1062.331	605.9947
1985	8577.37	4537.50	853.21	2163.66	1032.07	3016.87	28.4	43.1	28.5	856.7911	1300.271	859.808
1986	9660.45	5076.30	1007.95	2331.62	1201.06	3339.57	27.1	44	28.9	905.0235	1469.411	965.1357
1987	11399.17	5929.85	1224.98	2829.04	1422.45	4054.02	26.8	43.9	29.3	1086.477	1779.715	1187.828
1988	14288.51	7442.09	1535.29	3552.17	1879.20	5087.46	25.7	44.1	30.2	1307.477	2243.57	1536.413
1989	16296.62	8391.11	1842.77	3915.54	2165.62	5758.31	25	43	32	1439.578	2476.073	1842.659
1990	18357.20	9806.27	2142.84	3915.82	2396.95	6058.66	40.5	39.6	19.9	2453.757	2399.229	1205.673
1991	21143.01	11027.82	2606.08	4595.01	2805.25	7201.09	6.8	61.1	32.2	489.6741	4399.866	2318.751
1992	25892.32	12970.50	3331.73	5832.88	3462.89	9164.61	8.2	63.2	28.7	751.498	5792.034	2630.243
1993	34219.55	16934.55	3996.20	8481.09	4807.72	12477.29	7.6	64.4	28	948.2737	8035.372	3493.64

续表

年份	国内生产总值（亿元）						三次产业贡献率（%）			三次产业资本收入（亿元）		
	国内生产总值	劳动者报酬	固定资产折旧	营业盈余	生产税净额	资本收入	第一产业	第二产业	第三产业	第一产业	第二产业	第三产业
1994	45345.14	22829.04	5441.98	10803.23	6270.88	16245.22	6.3	66.3	27.4	1023.449	10770.58	4451.189
1995	57535.20	29596.80	7056.76	13424.54	7457.09	20481.30	8.7	62.8	28.5	1781.873	12862.26	5837.171
1996	67764.15	34703.64	8736.67	15689.68	8634.17	24426.34	9.3	62.2	28.5	2271.65	15193.19	6961.508
1997	76339.24	38954.49	10420.29	17006.34	9958.12	27426.63	6.5	59	34.5	1782.731	16181.71	9462.187
1998	82558.51	41960.46	11768.96	17896.58	10932.51	29665.54	7.2	59.7	33	2135.919	17710.33	9789.629
1999	88215.62	44082.16	13136.30	19149.89	11847.27	32286.19	5.7	56.8	37.5	1840.313	18338.55	12107.32
2000	98504.14	47977.69	15078.57	21593.00	13854.88	36671.57	4.2	59.5	36.3	1540.206	21819.58	13311.78
2001	108545.75	52351.29	16967.57	24112.95	15113.93	41080.52	4.7	46.2	49.1	1930.785	18979.2	20170.54
2002	120571.02	57576.79	18794.46	27556.23	16643.55	46350.68	4.2	49.2	46.6	1946.729	22804.54	21599.42
2003	139250.04	64271.53	21962.09	33639.95	19376.47	55602.05	3.1	57.9	39	1723.664	32193.59	21684.8
2004	167587.11	69639.64	23568.56	50754.91	23624.01	74323.47	7.4	51.7	40.9	5499.936	38425.23	30398.3
2005	197789.03	81888.02	27919.21	58459.81	29521.99	86379.02	5.3	50.3	44.4	4578.088	43448.65	38352.28
2006	231053.34	93822.83	33641.84	70862.02	32726.66	104503.86	4.4	49.5	46.1	4598.17	51729.41	48176.28
2007	275624.62	109532.27	39018.85	86245.97	40827.52	125264.82	2.7	49.9	47.4	3382.15	62507.15	59375.52
2008	NA	NA	NA	NA	NA	NA	5.3	48.4	46.3	NA	NA	NA
2009	365303.69	170299.71	49369.64	90103.24	55531.11	139472.88	4.1	51.9	44	5718.388	72386.42	61368.07

续表

年份	国内生产总值（亿元）						三次产业贡献率（%）			三次产业资本收入（亿元）		
	国内生产总值	劳动者报酬	固定资产折旧	营业盈余	生产税净额	资本收入	第一产业	第二产业	第三产业	第一产业	第二产业	第三产业
2010	437041.99	196714.07	56227.58	117456.61	66608.73	173684.19	3.6	57.2	39.2	6252.631	99347.36	68084.2
2011	521441.11	234310.26	67344.51	138387.09	81399.26	205731.60	4.2	51.5	44.3	8640.727	105951.8	91139.1
2012	576551.85	262864.06	74132.87	147919.85	91635.05	222052.72	5.3	49.3	45.4	11768.79	109472	100811.9
2013	NA	NA	NA	NA	NA	NA	4.2	48.5	47.2	NA	NA	NA
2014	684349.42	318258.09	88224.18	170859.56	107007.86	259083.74	4.6	47.9	47.5	11917.852	124101.111	123064.777
2015	722767.87	346159.45	95126.58	173983.72	107444.15	269110.30	4.5	42.5	53.0	12109.9635	114371.878	142628.459
2016	780059.97	370224.33	107001.20	192081.97	110762.46	302844.43	4.1	38.2	57.7	12416.6216	115686.572	174741.236
2017	847141.10	402438.88	114895.83	209588.72	120216.67	324484.55	4.8	35.7	59.6	15575.2584	115840.984	193392.792
2018	NA	NA	NA	NA	NA	NA	4.2	36.1	59.7	NA	NA	NA

资料来源：《中国统计年鉴》，收入法中 GDP 构成项目及 GDP 按三次产业贡献率占比。

表4-3 分产业部门的资产回报率

年份	人均资本存量（万元）			人均资本收益（万元）			资本回报率		
	第一产业	第二产业	第三产业	第一产业	第二产业	第三产业	第一产业	第二产业	第三产业
1980	0.038	0.482	0.263	0.017	0.066	0.045	0.443	0.137	0.170
1981	0.04	0.465	0.256	0.018	0.061	0.044	0.458	0.131	0.173
1982	0.042	0.476	0.272	0.020	0.062	0.046	0.484	0.130	0.169
1983	0.044	0.497	0.29	0.022	0.067	0.051	0.503	0.135	0.177
1984	0.047	0.518	0.302	0.026	0.075	0.062	0.545	0.145	0.204
1985	0.049	0.582	0.334	0.028	0.088	0.081	0.571	0.152	0.241
1986	0.052	0.631	0.353	0.030	0.096	0.084	0.572	0.153	0.237
1987	0.055	0.694	0.388	0.035	0.114	0.100	0.644	0.164	0.257
1988	0.056	0.751	0.418	0.042	0.139	0.123	0.749	0.185	0.295
1989	0.056	0.796	0.429	0.045	0.147	0.141	0.805	0.184	0.328
1990	0.056	0.862	0.432	0.075	0.141	0.087	1.332	0.164	0.202
1991	0.057	0.98	0.453	0.015	0.261	0.162	0.254	0.266	0.358
1992	0.06	1.069	0.514	0.022	0.342	0.181	0.367	0.320	0.351
1993	0.062	1.24	0.574	0.028	0.469	0.223	0.455	0.378	0.388
1994	0.069	1.451	0.653	0.031	0.622	0.264	0.450	0.429	0.405
1995	0.077	1.79	0.736	0.055	0.742	0.326	0.712	0.415	0.443
1996	0.085	1.927	0.834	0.070	0.868	0.372	0.827	0.450	0.446
1997	0.092	2.062	0.936	0.055	0.912	0.490	0.599	0.442	0.524
1998	0.1	2.124	1.062	0.066	0.998	0.490	0.657	0.470	0.462
1999	0.109	2.267	1.218	0.056	1.046	0.583	0.515	0.461	0.479
2000	0.121	2.444	1.361	0.047	1.272	0.609	0.387	0.520	0.448
2001	0.138	2.644	1.509	0.059	1.120	0.869	0.429	0.424	0.576
2002	0.158	2.888	1.664	0.060	1.374	0.867	0.382	0.476	0.521
2003	0.178	3.296	1.878	0.055	1.969	0.819	0.306	0.597	0.436
2004	0.203	3.867	2.155	0.179	2.290	1.096	0.882	0.592	0.509
2005	0.235	4.116	2.539	0.155	2.442	1.343	0.658	0.593	0.529
2006	0.276	4.537	3.016	0.162	2.723	1.657	0.586	0.600	0.549
2007	0.329	4.978	3.548	0.124	3.075	2.021	0.376	0.618	0.570
2008	0.404	5.861	4.189	NA	NA	NA	NA	NA	NA

续表

年份	人均资本存量（万元）			人均资本收益（万元）			资本回报率		
	第一产业	第二产业	第三产业	第一产业	第二产业	第三产业	第一产业	第二产业	第三产业
2009	0.517	6.436	5.072	0.222	3.306	2.021	0.428	0.514	0.398
2010	0.643	7.522	6.104	0.250	4.393	2.207	0.389	0.584	0.362

注：由于"人均资本存量"使用了 RIETI 中国产业生产率（CIP）项目数据库，其数据只更新到 2010 年，下次修改预定于 2017 年初进行，但是目前尚无公开的数据。待新数据公布后可对本书相关数据进行更新。

资料来源：笔者编制。

表 4-4　分产业部门的人均最终消费

年份	最终消费（亿元）			年末人口数（万人）			人均最终消费（万元）		
	第一产业	第二产业	第三产业	第一产业	第二产业	第三产业	第一产业	第二产业	第三产业
1980	895.264	1442.536	636.500	28550.9	11712.9	7647.8	0.031	0.123	0.083
1981	1043.771	1522.987	715.541	29116.5	12734	8239.5	0.036	0.120	0.087
1982	1192.373	1611.315	777.012	29975.2	13320.3	8619.4	0.040	0.121	0.090
1983	1342.638	1814.596	911.366	30654.4	13683.9	8981.4	0.044	0.133	0.101
1984	1535.136	2077.231	1184.933	30658.8	14184.7	9828.1	0.050	0.146	0.121
1985	1684.432	2556.304	1690.364	30648.5	14713.2	10662.6	0.055	0.174	0.159
1986	1826.405	2965.380	1947.716	30409.5	15263.5	11535.7	0.060	0.194	0.169
1987	2049.932	3357.911	2241.157	30669	15662.2	11911.2	0.067	0.214	0.188
1988	2424.487	4160.306	2849.008	31163	16174.2	12477.6	0.078	0.257	0.228
1989	2760.750	4748.490	3533.760	31948.2	16883.4	13075.8	0.086	0.281	0.270
1990	4864.496	4756.396	2390.209	32888.5	17006.8	13812.1	0.148	0.280	0.173
1991	926.745	8327.075	4388.409	33761	16853.3	14284.5	0.027	0.494	0.307
1992	1332.180	10267.535	4662.631	34111.5	16929.1	14559.7	0.039	0.607	0.320
1993	1582.844	13412.524	5831.532	33647.5	17132	15700.5	0.047	0.783	0.371
1994	1783.272	18766.812	7755.817	32974	17312	16845.5	0.054	1.084	0.460
1995	3151.636	22749.740	10324.325	32512.5	17330.5	17917	0.097	1.313	0.576
1996	4009.937	26819.147	12288.516	32298	17512.3	18697.2	0.124	1.531	0.657
1997	3091.186	28058.453	16407.062	32347.5	17736.7	19300.8	0.096	1.582	0.850
1998	3708.706	30751.351	16998.234	32530	17739	19959.5	0.114	1.734	0.852

续表

年份	最终消费（亿元）			年末人口数（万人）			人均最终消费（万元）		
	第一产业	第二产业	第三产业	第一产业	第二产业	第三产业	第一产业	第二产业	第三产业
1999	3230.868	32195.319	21255.713	32769	17530.5	20765.9	0.099	1.837	1.024
2000	2676.626	37918.874	23133.700	32855	17159.2	21846	0.081	2.210	1.059
2001	3225.008	31701.146	33691.045	32624.5	16938.7	23216.4	0.099	1.872	1.451
2002	3115.211	36492.476	34564.012	32221	16593.6	24914.3	0.097	2.199	1.387
2003	2468.887	46112.429	31060.185	31625.5	16353.6	26492.4	0.078	2.820	1.172
2004	6602.635	46129.222	36492.943	30713.7	16779.3	27740.1	0.215	2.749	1.316
2005	5385.023	51106.913	45112.265	29612	17789.8	28564.8	0.182	2.873	1.579
2006	5055.376	56872.976	52966.549	28453.9	18999.6	29080.2	0.178	2.993	1.821
2007	3683.845	68082.911	64671.944	27373.6	20326.7	29383.1	0.135	3.349	2.201
2008	8360.554	76349.209	73036.537	26558	21320.7	29716.3	0.315	3.581	2.458
2009	7096.813	89835.267	76160.920	25815.6	21893.9	30369.3	0.275	4.103	2.508
2010	7182.302	114118.805	78207.293	24988.8	22616.2	30851.4	0.287	5.046	2.535

注：考虑到"居民消费跨期替代弹性"指标计算过程中的可比性，分产业的人均最终消费采用与分产业人均资本存量相同口径的年末人口数，即数据同样来源于RIETI中国产业生产率（CIP）项目。CIP项目数据库对外公开的数据资料是CIP（2015），其数据只更新到2010年，下次修改预定于2017年初进行，但是目前尚无公开的数据。待新数据公布后可对本书相关数据进行更新。

资料来源：RIETI中国产业生产率（CIP）项目。

表4-5 分产业部门的人均最终消费增长率

年份	居民消费价格指数（%）	实际人均最终消费（万元）			人均最终消费增长率		
		第一产业	第二产业	第三产业	第一产业	第二产业	第三产业
1987	107.3	0.062	0.199	0.175			
1988	118.8	0.066	0.216	0.192	0.0515	0.0847	0.0954
1989	118	0.073	0.238	0.229	0.1100	0.1008	0.1922
1990	103.1	0.144	0.272	0.168	0.9696	0.1404	-0.2667
1991	103.4	0.026	0.478	0.297	-0.8181	0.7592	0.7694
1992	106.4	0.037	0.570	0.301	0.4037	0.1941	0.0130
1993	114.7	0.041	0.683	0.323	0.1179	0.1966	0.0755
1994	124.1	0.044	0.873	0.371	0.0619	0.2796	0.1460

续表

年份	居民消费价格指数（%）	实际人均最终消费（万元）			人均最终消费增长率		
		第一产业	第二产业	第三产业	第一产业	第二产业	第三产业
1995	117.1	0.083	1.121	0.492	0.9037	0.2837	0.3270
1996	108.3	0.114	1.414	0.607	0.3822	0.2608	0.2333
1997	102.8	0.093	1.539	0.827	−0.1844	0.0886	0.3630
1998	99.2	0.115	1.748	0.859	0.2306	0.1359	0.0387
1999	98.6	0.100	1.863	1.039	−0.1263	0.0658	0.2092
2000	100.4	0.081	2.201	1.055	−0.1965	0.1815	0.0156
2001	100.7	0.098	1.859	1.441	0.2186	−0.1555	0.3661
2002	99.2	0.098	2.217	1.398	−0.0054	0.1924	−0.0297
2003	101.2	0.077	2.787	1.158	−0.2118	0.2571	−0.1717
2004	103.9	0.207	2.646	1.267	1.6848	−0.0505	0.0937
2005	101.8	0.179	2.822	1.551	−0.1360	0.0667	0.2246
2006	101.5	0.175	2.949	1.794	−0.0191	0.0448	0.1567
2007	104.8	0.129	3.196	2.100	−0.2655	0.0837	0.1706
2008	105.9	0.297	3.381	2.321	1.3091	0.0582	0.1052
2009	99.3	0.277	4.132	2.526	−0.0690	0.2219	0.0882
2010	103.3	0.278	4.885	2.454	0.0052	0.1822	−0.0284

注：由于 RIETI 中国产业生产率（CIP）项目数据库对外公开的数据资料是 CIP（2015），其数据只更新到 2010 年，下次修改预定于 2017 年初进行，但是目前尚无公开的数据。待 RIETI 中国产业生产率（CIP）项目新数据公布后可对本书相关数据进行更新。

资料来源：笔者编制。

表 4-6 分产业部门的居民消费跨期替代弹性 σ_c

年份	θ_c =人均最终消费增长率／（资本回报率−ρ）			$\sigma_c = 1/\theta_c$		
	第一产业	第二产业	第三产业	第一产业	第二产业	第三产业
1988	0.0706	0.5133	0.3469	14.1553	1.9481	2.8826
1989	0.1401	0.6146	0.6240	7.1364	1.6270	1.6025
1990	0.7390	0.9750	−1.4654	1.3531	1.0256	−0.6824
1991	−3.4962	3.0862	2.2763	−0.2860	0.3240	0.4393
1992	1.1634	0.6470	0.0393	0.8595	1.5456	25.4615

续表

年份	θ_c =人均最终消费增长率/（资本回报率-ρ）			$\sigma_c = 1/\theta_c$		
	第一产业	第二产业	第三产业	第一产业	第二产业	第三产业
1993	0.2710	0.5492	0.2052	3.6896	1.8210	4.8742
1994	0.1440	0.6836	0.3792	6.9467	1.4628	2.6370
1995	1.3059	0.7182	0.7730	0.7657	1.3923	1.2936
1996	0.4736	0.6065	0.5477	2.1115	1.6488	1.8260
1997	-0.3185	0.2100	0.7202	-3.1399	4.7630	1.3884
1998	0.3620	0.3020	0.0876	2.7624	3.3113	11.4212
1999	-0.2552	0.1492	0.4558	-3.9192	6.7021	2.1941
2000	-0.5354	0.3630	0.0364	-1.8677	2.7548	27.4359
2001	0.5345	-0.3849	0.6585	1.8710	-2.5981	1.5187
2002	-0.0149	0.4219	-0.0593	-67.0370	2.3701	-16.8687
2003	-0.7406	0.4456	-0.4127	-1.3503	2.2443	-2.4228
2004	1.9545	-0.0883	0.1916	0.5116	-11.3267	5.2188
2005	-0.2132	0.1164	0.4413	-4.6912	8.5907	2.2663
2006	-0.0337	0.0772	0.2962	-29.6335	12.9464	3.3759
2007	-0.7458	0.1400	0.3102	-1.3409	7.1446	3.2239
2008	NA	NA	NA	NA	NA	NA
2009	-0.1691	0.4492	0.2333	-5.9130	2.2262	4.2857
2010	0.0087	0.3230	-0.0830	115.3125	3.0955	-12.0423
均值	0.0293	0.4963	0.3001	1.7408	2.5009	3.2422

注：由于 RIETI 中国产业生产率（CIP）项目数据库对外公开的数据资料是 CIP（2015），其数据只更新到 2010 年，下次修改预定于 2017 年初进行，但是目前尚无公开的数据。待 RIETI 中国产业生产率（CIP）项目新数据公布后可对本书相关数据进行更新。

资料来源：笔者编制。

二、三次产业中间产品生产技术的资本产出弹性估计

在中间产品生产商的生产决策中需要估算生产技术的资本产出弹性。同样，中间产品生产技术的资本产出弹性也由经典模型中的单一参数变为对应三次产业的三个参数。$\alpha_i(i=1,2,3)$ 表示三次产业对应的资本产出弹性，指

资本每增加 1%，产出增加的百分比。常见的资本产出弹性估计方法主要有经典的不变弹性线性回归模型、时变弹性系数生产函数和收入份额法三种。由于基于模型求解资本产出弹性需要相应各产业部门的劳动和资本数据，难以获取完整的数据资料，而份额收入法的数据资料相对较容易获取，因此，采用收入份额法测算各产业部门对应的资本产出弹性。

在完全竞争市场条件下，假设要素规模报酬不变，那么在厂商利润最大化动机下，要素（资本和劳动力）的收入份额就等于其产出弹性。参考肖红叶和郝枫（2009），以及牛永青（2017）对我国初次收入分配结构的核算，可以从收入份额的角度核算出相应的要素产出弹性。尽管各省市地方统计年鉴具有分产业的地区生产总值构成项目资料，但覆盖范围差别较大，难以得到统一完整的数据资料。除国民经济核算账户资料之外，投入产出表也提供了收入法构成项目的数据信息。本书分别使用国家统计局发布的 10 个中国投入产出表（1987 年、1990 年、1992 年、1995 年、1997 年、2000 年、2002年、2007 年、2012 年和 2017 年），给出国民生产总值及其各产业总产值的相应构成项目（见表 4-7 至表 4-10）。

表 4-7　国内生产总值构成项目　　　　　　单位：万元

年份	产出	劳动者报酬	折旧	生产税净额	营业盈余	劳动份额	资本份额
1987	114240711	53960151	12015447	33619105	14646020	0.669	0.331
1990	175336808	81918347	19617535	45926136	27874784	0.633	0.367
1992	266442833	120524389	35373762	32738408	77806274	0.516	0.484
1995	594480765.68	278937372.20	75957481.80	78111665.70	161474245.98	0.540	0.460
1997	757040713	415403512	103122193	102449091	136065916	0.635	0.365
2000	923468766.95	499195924.43	146055093.36	134124280.97	144093468.19	0.632	0.368
2002	1218589041	589504993	187405672	174622113	267056263	0.565	0.435
2007	2660438111	1100473000	372555322	385187233	802222556	0.484	0.516
2012	5368001709	2641340939	716819825	736062253	1273778692	0.570	0.430
2017	8232157064	4232680280	1103253277	949786044	1946437463	0.581	0.419
均值	—	—	—	—	—	0.583	0.417

资料来源：中国投入产出表（1987 年、1990 年、1992 年、1995 年、1997 年、2000 年、2002 年、2007 年、2012 年和 2017 年）。

表 4-8　第一产业总产值构成项目　　　　　　单位：万元

年份	产出	劳动者报酬	折旧	生产税净额	营业盈余	劳动份额	资本份额
1987	32020310	26221330	1010894	2836829	1951257	0.898	0.102
1990	50347620	41193100	1240000	4326200	3588315	0.895	0.105
1992	58526140	49304449	2036620	2325824	4859247	0.877	0.123
1995	121582278.68	101970000.00	3950000.00	3380000.00	12282278.68	0.863	0.137
1997	147415838.9	129786622.5	5847862.4	4329970.1	7451383.9	0.907	0.093
2000	152960404.78	134431208.14	5968377.22	4150515.69	8410303.73	0.903	0.097
2002	166304661	133159686	7649132	5446504	20049338	0.828	0.172
2007	286591738	271816270	14297448	478020	0	0.950	0.050
2012	523588159	529963186	22581542	−28956569	0	0.959	0.041
2017	654523533	652709226	22853924.4	−34106164.4	13066546.8	0.948	0.052
均值	—	—	—	—	—	0.903	0.097

资料来源：中国投入产出表（1987 年、1990 年、1992 年、1995 年、1997 年、2000 年、2002 年、2007 年、2012 年和 2017 年）。

表 4-9　第二产业总产值构成项目　　　　　　单位：万元

年份	产出	劳动者报酬	折旧	生产税净额	营业盈余	劳动份额	资本份额
1987	54214296	15078215	6826707	24323380	7985998	0.504	0.496
1990	81573457	23662821	10940273	29601921	17368442	0.455	0.545
1992	121644107	37608965	19659717	25652987	38722438	0.392	0.608
1995	302457913.52	100790171.20	43015782.80	63892765.90	94759193.62	0.422	0.578
1997	396101554	175993959	56376314	69412489	94318792	0.539	0.461
2000	484526630.70	208628451.88	85976258.79	88892257.72	101029662.31	0.527	0.473
2002	551012473	225187956	83726374	102487850	139610293	0.502	0.498
2007	1344952802	459941924	181617238	270102903	433290736	0.428	0.572
2012	2440214559	1020734041	314683492	457335848	647461177	0.515	0.485
2017	3327053831	1392227931	404541578.8	643361521.5	886922799.4	0.519	0.481
均值	—	—	—	—	—	0.480	0.520

资料来源：中国投入产出表（1987 年、1990 年、1992 年、1995 年、1997 年、2000 年、2002 年、2007 年、2012 年和 2017 年）。

表 4-10　第三产业总产值构成项目　　　　单位：万元

年份	产出	劳动者报酬	折旧	生产税净额	营业盈余	劳动份额	资本份额
1987	28006105	12660606	4177846	6458896	4708765	0.588	0.412
1990	43415731	17062426	7437262	11998015	6918028	0.543	0.457
1992	86272586	33610975	13677425	4759597	34224589	0.412	0.588
1995	170440573.48	76177201.00	28991699.00	10838899.80	54432773.68	0.477	0.523
1997	213523320.5	109622930.6	40898017.5	28706631.7	34295740.4	0.593	0.407
2000	285981731.47	156136264.42	54110457.35	41081507.55	34653502.15	0.638	0.362
2002	501271907	231157350	96030165	66687759	107396632	0.532	0.468
2007	1028893572	368714806	176640636	114606310	368931819	0.403	0.597
2012	2404198992	1090643712	379554791	307682973	626317516	0.520	0.480
2017	4250579700	2187743123	675857774	340530687	1046448117	0.560	0.440
均值	—	—	—	—	—	0.527	0.473

资料来源：中国投入产出表（1987 年、1990 年、1992 年、1995 年、1997 年、2000 年、2002年、2007 年、2012 年和 2017 年）。

作为对照，本书又使用了 RIETI 中国产业生产率（CIP）项目发布的 10个投入产出表（CIP）（1987 年、1990 年、1992 年、1995 年、1997 年、2000年、2002 年、2005 年、2007 年和 2010 年），以确保数据的真实性和可比性（见表 4-11 至表 4-14）。

表 4-11　国内生产总值构成项目（CIP 中国投入产出表）　　　单位：亿元

年份	产出	劳动者报酬	折旧	生产税净额	营业盈余	劳动份额	资本份额
1987	12058.62	6047.4	1408.91	3381.08	1221.23	0.697	0.303
1990	18669.1	9161.13	2304.97	4790.75	2412.26	0.660	0.340
1992	26923.48	12019.09	3801.86	3253.57	7848.95	0.508	0.492
1995	60802.48	28700.48	8400.27	7329.26	16372.48	0.537	0.463
1997	78973.03	42600.5	11442.8	10769.88	14159.85	0.625	0.375
2000	99214.55	53733.07	16382.38	13924.03	15175.07	0.630	0.370
2002	120332.69	58387.46	18426.36	17428.67	26090.2	0.567	0.433

续表

年份	产出	劳动者报酬	折旧	生产税净额	营业盈余	劳动份额	资本份额
2005	184937.37	77954.21	28104.44	24788.88	54089.84	0.487	0.513
2007	265810.31	111448.63	38070.48	37928.94	78362.26	0.489	0.511
2010	401512.8	190718.78	54303.05	60551.04	95939.93	0.559	0.441
均值	—	—	—	—	—	0.576	0.424

资料来源：RIETI 中国产业生产率（CIP）项目投入产出表（1987 年、1990 年、1992 年、1995 年、1997 年、2000 年、2002 年、2005 年、2007 年和 2010 年）。

表4-12　第一产业总产值构成项目（CIP 中国投入产出表）　　　单位：亿元

年份	产出	劳动者报酬	折旧	生产税净额	营业盈余	劳动份额	资本份额
1987	3296.06	2876.59	125.01	137.81	156.64	0.911	0.089
1990	5124.99	4303.12	126.22	440.37	255.28	0.919	0.081
1992	5934.55	5113.35	231.4	76.69	513.11	0.873	0.127
1995	12292.01	10309.21	399.35	341.72	1241.74	0.863	0.137
1997	14620.26	12675.81	709.11	466.02	769.31	0.896	0.104
2000	15056.25	13232.38	587.48	408.54	827.85	0.903	0.097
2002	16537.02	13241.15	760.62	541.59	1993.67	0.828	0.172
2005	22420	21198.83	1163.43	57.74	0	0.948	0.052
2007	28627	27151.11	1428.14	47.75	0	0.950	0.050
2010	40533.6	38562.83	1892.42	78.35	0	0.953	0.047
均值	—	—	—	—	—	0.904	0.096

资料来源：RIETI 中国产业生产率（CIP）项目投入产出表（1987 年、1990 年、1992 年、1995 年、1997 年、2000 年、2002 年、2005 年、2007 年和 2010 年）。

表4-13　第二产业总产值构成项目（CIP 中国投入产出表）　　　单位：亿元

年份	产出	劳动者报酬	折旧	生产税净额	营业盈余	劳动份额	资本份额
1987	5188.58	1553.77	651.65	2331.34	651.83	0.544	0.456
1990	7655.69	2403.35	1032.74	2787.98	1431.61	0.494	0.506
1992	11631.55	3569.44	1889.58	2469.54	3702.98	0.390	0.610

续表

年份	产出	劳动者报酬	折旧	生产税净额	营业盈余	劳动份额	资本份额
1995	28532.01	9777.13	4193.93	5556.28	9004.67	0.426	0.574
1997	37364.63	16511.74	5328.62	6550.36	8973.91	0.536	0.464
2000	45444.35	19507.77	8055.72	8188.58	9692.25	0.524	0.476
2002	53896.77	21994.33	8206.36	10056.37	13639.71	0.502	0.498
2005	87598.09	28017.98	13132.63	15991.34	30456.15	0.391	0.609
2007	125831.36	43529.42	17199.43	25239.3	39863.2	0.433	0.567
2010	187383.21	74909.66	24169.86	38759.31	49544.38	0.504	0.496
均值	—	—	—	—	—	0.474	0.526

资料来源：RIETI 中国产业生产率（CIP）项目投入产出表（1987 年、1990 年、1992 年、1995 年、1997 年、2000 年、2002 年、2005 年、2007 年和 2010 年）。

表 4-14　第三产业总产值构成项目（CIP 中国投入产出表）　　单位：亿元

年份	产出	劳动者报酬	折旧	生产税净额	营业盈余	劳动份额	资本份额
1987	3573.97	1617.04	632.25	911.93	412.75	0.607	0.393
1990	5888.42	2454.65	1146	1562.4	725.37	0.567	0.433
1992	9357.38	3336.3	1680.88	707.34	3632.86	0.386	0.614
1995	19978.46	8614.15	3806.99	1431.26	6126.06	0.464	0.536
1997	26988.15	13412.94	5405.06	3753.51	4416.64	0.577	0.423
2000	38713.95	20992.92	7739.18	5326.9	4654.95	0.629	0.371
2002	49898.9	23151.99	9459.39	6830.7	10456.82	0.538	0.462
2005	74919.28	28737.39	13808.39	8739.81	23633.69	0.434	0.566
2007	111351.95	40768.1	19442.9	12641.89	38499.06	0.413	0.587
2010	173595.98	77246.29	28240.77	21713.38	46395.56	0.509	0.491
均值	—	—	—	—	—	0.512	0.488

资料来源：RIETI 中国产业生产率（CIP）项目投入产出表（1987 年、1990 年、1992 年、1995 年、1997 年、2000 年、2002 年、2005 年、2007 年和 2010 年）。

综合考虑，第一产业资本产出弹性 α_1 为 0.1，第二产业资本产出弹性 α_2 为 0.53，第三产业资本产出弹性 α_3 为 0.48。

三、三次产业产出比重核算

在对数线性化求解模型系统中，由最终产品市场均衡条件和总量均值关系等派生出诸多产业产出比重关系，需要对其进行重新核算。RIETI 中国产业生产率（CIP）项目提供了支出法 GDP 的构成数据，但是居民消费与政府消费合并为最终消费，《中国统计年鉴》也提供了相应的产业总产值和消费支出占比数据。考虑到 CIP 项目中数据的时间截断性，使用《中国统计年鉴》国内生产总值和支出法国内生产总值构成比率（见表 4-15）可换算出三次产业的居民消费支出和政府消费支出（见表 4-16）。CIP 项目也提供了三次产业资本形成数据，而《中国统计年鉴》中资本形成为总量数据，缺失产业层面的数据分摊，因而基于 CIP 项目的数据资料给出三次产业的资本形成（见表 4-17），最后求解出三次产业中居民消费支出、政府消费支出和投资占各产业增加值的百分比（见表 4-18），结果如表 4-15 至表 4-18 所示。

表 4-15　各产业生产总值和支出法国内生产总值中消费支出占比

年份	产业生产总值（亿元）			居民消费	政府消费
	第一产业	第二产业	第三产业	支出占比（%）	支出占比（%）
1981	1545.7	2269.1	1121.1	80.2	19.8
1982	1761.7	2397.7	1214.0	80.2	19.8
1983	1960.9	2663.0	1397.0	79.3	20.7
1984	2295.6	3132.8	1858.1	77.1	22.9
1985	2541.7	3886.5	2670.7	78.2	21.8
1986	2764.1	4515.2	3096.9	78.7	21.3
1987	3204.5	5274.0	3696.2	79.2	20.8
1988	3831.2	6607.4	4741.8	79.9	20.1
1989	4228.2	7300.9	5650.6	79.6	20.4
1990	5017.2	7744.3	6111.4	78.6	21.4
1991	5288.8	9129.8	7587.0	77.5	22.5
1992	5800.3	11725.3	9668.9	75.9	24.1

续表

年份	产业生产总值（亿元）			居民消费	政府消费
	第一产业	第二产业	第三产业	支出占比（%）	支出占比（%）
1993	6887.6	16473.1	12312.6	75.5	24.5
1994	9471.8	22453.1	16712.6	75.9	24.1
1995	12020.5	28677.5	20641.9	77.6	22.4
1996	13878.3	33828.1	24107.2	78.1	21.9
1997	14265.2	37546.0	27903.8	77.1	22.9
1998	14618.7	39018.5	31558.3	75.4	24.6
1999	14549.0	41080.9	34934.5	74.0	26.0
2000	14717.4	45664.8	39897.9	73.8	26.2
2001	15502.5	49660.7	45700.0	74.0	26.0
2002	16190.2	54105.5	51421.7	74.4	25.6
2003	16970.2	62697.4	57754.4	74.6	25.4
2004	20904.3	74286.9	66648.9	74.7	25.3
2005	21806.7	88084.4	77427.8	74.2	25.8
2006	23317.0	104361.8	91759.7	73.3	26.7
2007	27674.1	126633.6	115784.6	73.3	26.7
2008	32464.1	149956.6	136823.9	73.2	26.8
2009	33583.8	160171.7	154762.2	73.3	26.7
2010	38430.8	191629.8	182058.6	73.4	26.6
2011	44781.4	227038.8	216120.0	73.2	26.8
2012	49084.5	244643.3	244852.2	73.2	26.8
2013	53028.1	261956.1	277979.1	73.2	26.8
2014	55626.3	277571.8	308082.5	73.9	26.1
2015	57774.6	282040.3	346178.0	73.4	26.6
2016	60139.2	296547.7	383373.9	73.4	26.6
2017	62099.5	332742.7	425912.1	72.7	27.3
2018	64734.0	366000.9	469574.6	72.5	27.5

资料来源：《中国统计年鉴 2019》。

表 4-16　各产业居民消费支出和政府消费支出　　单位：亿元

年份	居民消费支出			政府支出消费		
	第一产业	第二产业	第三产业	第一产业	第二产业	第三产业
1981	1239.65	1819.82	899.12	306.05	449.28	221.98
1982	1412.88	1922.96	973.63	348.82	474.74	240.37
1983	1554.99	2111.76	1107.82	405.91	551.24	289.18
1984	1769.91	2415.39	1432.60	525.69	717.41	425.50
1985	1987.61	3039.24	2088.49	554.09	847.26	582.21
1986	2175.35	3553.46	2437.26	588.75	961.74	659.64
1987	2537.96	4177.01	2927.39	666.54	1096.99	768.81
1988	3061.13	5279.31	3788.70	770.07	1328.09	953.10
1989	3365.65	5811.52	4497.88	862.55	1489.38	1152.72
1990	3943.52	6087.02	4803.56	1073.68	1657.28	1307.84
1991	4098.82	7075.60	5879.93	1189.98	2054.21	1707.08
1992	4402.43	8899.50	7338.70	1397.87	2825.80	2330.20
1993	5200.14	12437.19	9296.01	1687.46	4035.91	3016.59
1994	7189.10	17041.90	12684.86	2282.70	5411.20	4027.74
1995	9327.91	22253.74	16018.11	2692.59	6423.76	4623.79
1996	10838.95	26419.75	18827.72	3039.35	7408.35	5279.48
1997	10998.47	28947.97	21513.83	3266.73	8598.03	6389.97
1998	11022.50	29419.95	23794.96	3596.20	9598.55	7763.34
1999	10766.26	30399.87	25851.53	3782.74	10681.03	9082.97
2000	10861.44	33700.62	29444.65	3855.96	11964.18	10453.25
2001	11471.85	36748.92	33818.00	4030.65	12911.78	11882.00
2002	12045.51	40254.49	38257.74	4144.69	13851.01	13163.96
2003	12659.77	46772.26	43084.78	4310.43	15925.14	14669.62
2004	15615.51	55492.31	49786.73	5288.79	18794.59	16862.17
2005	16180.57	65358.62	57451.43	5626.13	22725.78	19976.37
2006	17091.36	76497.20	67259.86	6225.64	27864.60	24499.84
2007	20285.12	92822.43	84870.11	7388.98	33811.17	30914.49
2008	23763.72	109768.23	100155.09	8700.38	40188.37	36668.81
2009	24616.93	117405.86	113440.69	8966.87	42765.84	41321.51

续表

| 年份 | 居民消费支出 | | | 政府支出消费 | | |
	第一产业	第二产业	第三产业	第一产业	第二产业	第三产业
2010	28208.21	140656.27	133631.01	10222.59	50973.53	48427.59
2011	32779.98	166192.40	158199.84	12001.42	60846.40	57920.16
2012	35929.85	179078.90	179231.81	13154.65	65564.40	65620.39
2013	38816.57	191751.87	203480.70	14211.53	70204.23	74498.40
2014	41107.84	205125.56	227672.97	14518.46	72446.24	80409.53
2015	42406.56	207017.58	254094.65	15368.04	75022.72	92083.35
2016	44142.17	217666.01	281396.44	15997.03	78881.69	101977.46
2017	45146.34	241903.94	309638.10	16953.16	90838.76	116274.00
2018	46932.15	265350.65	340441.59	17801.85	100650.25	129133.02

资料来源：笔者编制。

表 4-17　各产业增加值与资本形成　　　　单位：亿元

| 年份 | 增加值 | | | 资本形成 | | |
	第一产业	第二产业	第三产业	第一产业	第二产业	第三产业
1981	1202.21	2403.91	1268.34	131.17	1436.41	53.27
1982	1305.16	2571.49	1354.31	147.58	1569.21	67.92
1983	1445.36	2936.71	1489.47	145.90	1809.76	69.19
1984	1735.26	3499.14	1750.38	179.48	2201.36	85.87
1985	1899.56	4521.88	2220.67	219.99	2851.75	152.85
1986	2048.14	4932.06	2765.68	229.15	3142.41	196.38
1987	2127.17	5839.29	3121.72	229.43	3715.40	188.28
1988	2416.59	7228.00	3417.89	225.86	4491.72	287.27
1989	2970.23	7872.34	3845.11	335.05	4774.93	352.77
1990	3530.76	8902.24	4477.89	388.92	5474.76	421.61
1991	3949.95	10590.14	5137.29	442.77	6362.75	464.87
1992	4317.30	13185.59	6733.49	408.42	7887.31	730.63
1993	4549.18	17015.88	7894.65	611.18	10878.77	898.76
1994	5028.55	23532.18	10359.88	633.33	15856.54	1008.31

续表

年份	增加值			资本形成		
	第一产业	第二产业	第三产业	第一产业	第二产业	第三产业
1995	8094.67	29776.48	13558.92	933.87	20485.46	1183.81
1996	10052.50	36899.85	17027.84	1137.33	24253.17	1396.41
1997	11030.41	41431.53	20737.35	1361.54	26596.96	1459.18
1998	11237.73	44356.38	24070.68	1292.17	28406.74	1741.29
1999	11681.55	46873.91	28125.45	1244.71	30014.08	1992.65
2000	11859.97	49253.32	33518.95	1053.88	31409.08	2227.51
2001	11930.80	54931.20	38080.59	1141.89	36151.93	2486.78
2002	12290.95	61684.47	42524.91	1217.67	41705.39	2791.54
2003	11795.98	69936.68	47866.77	1415.02	49698.66	3812.95
2004	12681.26	79333.63	55000.83	1830.39	58737.95	5064.97
2005	13537.88	89578.49	66569.95	2136.61	67542.62	6574.62
2006	12844.04	103940.13	77724.28	2358.77	80741.70	7991.71
2007	12084.11	120458.33	94348.86	2501.06	94267.90	8896.89
2008	14845.99	142620.35	109824.75	3511.98	112234.05	10997.42
2009	17099.53	182239.24	122140.47	3786.46	145879.76	13919.96
2010	17979.68	207355.36	141510.96	4047.05	166343.19	15259.67

注：由于 RIETI 中国产业生产率（CIP）项目数据库对外公开的数据资料是 CIP（2015），其数据只更新到 2010 年，下次修改预定于 2017 年初进行，但是目前尚无公开的数据。待 RIETI 中国产业生产率（CIP）项目新数据公布后可对本书相关数据进行更新。

资料来源：RIETI 中国产业生产率（CIP）项目。

表4-18 各产业总产值中消费与投资占比

年份	居民消费支出占比			政府支出消费占比			投资占比		
	第一产业	第二产业	第三产业	第一产业	第二产业	第三产业	第一产业	第二产业	第三产业
1981	0.71	0.32	0.77	0.18	0.08	0.19	0.11	0.60	0.04
1982	0.71	0.31	0.76	0.18	0.08	0.19	0.11	0.61	0.05
1983	0.71	0.30	0.76	0.19	0.08	0.20	0.10	0.62	0.05
1984	0.69	0.29	0.73	0.21	0.09	0.22	0.10	0.63	0.05
1985	0.69	0.29	0.73	0.19	0.08	0.20	0.12	0.63	0.07

续表

年份	居民消费支出占比			政府支出消费占比			投资占比		
	第一产业	第二产业	第三产业	第一产业	第二产业	第三产业	第一产业	第二产业	第三产业
1986	0.70	0.28	0.73	0.19	0.08	0.20	0.11	0.64	0.07
1987	0.71	0.29	0.74	0.19	0.08	0.20	0.11	0.64	0.06
1988	0.72	0.30	0.73	0.18	0.08	0.19	0.09	0.62	0.08
1989	0.71	0.31	0.72	0.18	0.08	0.19	0.11	0.61	0.09
1990	0.70	0.30	0.71	0.19	0.08	0.19	0.11	0.61	0.09
1991	0.69	0.31	0.70	0.20	0.09	0.21	0.11	0.60	0.09
1992	0.69	0.30	0.68	0.22	0.10	0.22	0.09	0.60	0.11
1993	0.65	0.27	0.67	0.21	0.09	0.22	0.13	0.64	0.11
1994	0.66	0.25	0.68	0.21	0.08	0.22	0.13	0.67	0.10
1995	0.69	0.24	0.71	0.20	0.07	0.21	0.12	0.69	0.08
1996	0.69	0.27	0.72	0.19	0.08	0.20	0.11	0.66	0.08
1997	0.67	0.28	0.72	0.20	0.08	0.21	0.12	0.64	0.07
1998	0.67	0.27	0.70	0.22	0.09	0.23	0.11	0.64	0.07
1999	0.66	0.27	0.69	0.23	0.09	0.24	0.11	0.64	0.07
2000	0.67	0.27	0.69	0.24	0.10	0.25	0.09	0.64	0.07
2001	0.67	0.25	0.69	0.24	0.09	0.24	0.10	0.66	0.07
2002	0.67	0.24	0.69	0.23	0.08	0.24	0.10	0.68	0.07
2003	0.66	0.22	0.69	0.22	0.07	0.23	0.12	0.71	0.07
2004	0.64	0.19	0.68	0.22	0.07	0.23	0.14	0.74	0.09
2005	0.62	0.18	0.67	0.22	0.06	0.23	0.16	0.75	0.10
2006	0.60	0.16	0.66	0.22	0.06	0.24	0.18	0.78	0.10
2007	0.58	0.16	0.66	0.21	0.06	0.24	0.21	0.78	0.09
2008	0.56	0.16	0.66	0.21	0.06	0.24	0.24	0.79	0.10
2009	0.57	0.15	0.65	0.21	0.05	0.24	0.22	0.80	0.11
2010	0.57	0.14	0.65	0.21	0.05	0.24	0.23	0.80	0.11
均值	0.66	0.25	0.70	0.21	0.08	0.22	0.13	0.67	0.08

注：由于 RIETI 中国产业生产率（CIP）项目数据库对外公开的数据资料是 CIP（2015），其数据只更新到 2010 年，下次修改预定于 2017 年初进行，但是目前尚无公开的数据。待 RIETI 中国产业生产率（CIP）项目新数据公布后可对本书相关数据进行更新。

资料来源：笔者编制。

综上，第一产业消费占总产值的比重为 0.66，政府支出占总产值的比重为 0.21，投资占总产值的比重为 0.13；第二产业消费占总产值的比重为 0.25，政府支出占总产值的比重为 0.08，投资占总产值的比重为 0.67；第三产业消费占总产值的比重为 0.70，政府支出占总产值的比重为 0.22，投资占总产值的比重为 0.08。

各产业产出占国内生产总值的比重依据各产业贡献率均值来校准，分别为 0.0662、0.5225 和 0.4113（见表 4-19）。

表 4-19　三次产业产出历年在国内生产总值中的占比　　　单位:%

年份	第一产业	第二产业	第三产业	年份	第一产业	第二产业	第三产业
1990	40.5	39.6	19.9	2005	5.3	50.3	44.4
1991	6.8	61.1	32.2	2006	4.4	49.5	46.1
1992	8.2	63.2	28.7	2007	2.7	49.9	47.4
1993	7.6	64.4	28	2008	5.3	48.4	46.3
1994	6.3	66.3	27.4	2009	4.1	51.9	44
1995	8.7	62.8	28.5	2010	3.6	57.2	39.2
1996	9.3	62.2	28.5	2011	4.2	51.5	44.3
1997	6.5	59	34.5	2012	5.3	49.3	45.4
1998	7.2	59.7	33	2013	4.4	48	47.6
1999	5.7	56.6	37.5	2014	4.8	47.1	48.1
2000	4.2	59.5	36.3	2015	4.5	42.5	53
2001	4.7	46.2	49.1	2016	4.1	38.2	57.7
2002	4.2	49.2	46.6	2017	4.8	35.7	59.6
2003	3.1	57.9	39	2018	4.2	36.1	59.7
2004	7.4	51.7	40.9	均值	6.62	52.25	41.13

资料来源：《中国统计年鉴》。

各产业投资占总投资的比重通过中经网各产业固定资产完成额占总固定资产完成额的比重来校准，$\frac{I_1}{I}$、$\frac{I_2}{I}$、$\frac{I_3}{I}$ 分别为 0.022、0.426、0.552；各产业就业人数占总就业人数的比重通过各年度统计年鉴中各产业就业人数校准，$\dfrac{L_1}{L}$、$\dfrac{L_2}{L}$、$\dfrac{L_3}{L}$ 分别为 0.448、0.238、0.314；各产业消费占总消费的比重以及各产业资本存量占总资本存量的比重通过赋值校准，依据多变量诊断结果确定 $\dfrac{c_1}{C}$、$\dfrac{c_2}{C}$、$\dfrac{c_3}{C}$ 分别为 0.1、0.3、0.6，$\dfrac{k_1}{k}$、$\dfrac{k_2}{k}$、$\dfrac{k_3}{k}$ 分别为 0.1、0.5、0.4。

四、经济基本面参数校准

经济基本面参数包括：家庭主观跨期贴现率 β 和资本折旧率 d；稳态条件下的各产业资本收益率 $\bar{r}_i$ 和工资加成率 $\bar{\lambda}_w$；以及部分政府财政支出比例等，其中，家庭主观跨期贴现率 β 和资本折旧率 d 在已有文献中基本达成共识。在一般文献中，季度的家庭部门主观贴现率 β 一般被设定为 0.99 左右，参考奚君羊（2010）、胡爱华（2012）、牛永青（2014）、胡志鹏（2016）、陈利锋（2017）等，本书将贴现率设定为 0.99。对于资本折旧率 d，国内文献对该参数的取值一般为 0.02~0.04，参考刘斌（2008）、王君斌（2010）、简志宏等（2012）、肖尧和牛永青（2014）、温兴春（2017）等，本书将其设定为 0.035。对于稳态时各产业的资本收益率 $\bar{r}_i$（$i=1$，2，3），可以根据家庭部门资本一阶条件均衡关系 $\bar{r}_i = 1/\beta-(1-d)$，结合主观贴现率和资本折旧率的校准值，计算得到各产业稳态时的资本收益率为 0.045，于是，我们将 $\bar{r}_i$ 校准为 0.045。对于稳态时的工资加成率 $\bar{\lambda}_w$，参考 SW（2003），对其校准赋值为 0.85。此外，φ_{Tr} 表示政府转移支付的弹性系数，参考肖尧和牛永青（2014），将其校准为 0.0467。参考卞志村和杨源源（2016），将 $\dfrac{g}{u}$ 校准为 0.467、$\dfrac{Rb}{u}$ 校准为 0.226、$\dfrac{Tr}{u}$ 校准为 0.011、$\dfrac{T}{f}$ 校准为 0.56、$\dfrac{b}{f}$ 校准为 0.44。

五、动态参数贝叶斯估计

对于剩余动态参数，包括各产业的劳动替代弹性和各产业资本调整成本参数，以及各种政策弹性系数、冲击平滑弹性和黏性程度参数等，本节使用贝叶斯方法估计，先验分布参考 SW（2003）的设定。本书选择 1996 年第一季度到 2018 年第二季度的七个关键宏观经济变量的季度数据作为样本数据，具体包括国内总产出、总消费、总投资、工资、总就业、利率和通货膨胀率，选用的数据全部来自中经网统计数据库。其中，总产出采用国内生产总值，总消费采用社会消费品零售总额，总投资采用固定资产投资完成额，工资采用全部单位从业人员平均劳动报酬，总就业采用全部城镇单位从业人员数，利率采用银行间 7 天同业拆借加权平均利率，通货膨胀率在居民消费价格指数的基础上调整得到。原始数据中除产出、工资和就业人数是季度数据外，其他数据均为月度数据，对月度数据进行加总或平均化处理得到季度数据，对于个别缺失的月度数据，根据上下年同期水平进行插值补充，除通货膨胀率、就业人数和利率外，我们对其他所有数据进行价格指数平减、季节调整、取对数和 HP 滤波处理，对就业人数进行季节调整、取对数和 HP 滤波处理，对通货膨胀和利率只取对数和 HP 滤波处理，得到模型最终使用的周期性波动数据。运行 Dynare 程序，得到后验估计结果，如表 4-20 所示。

表 4-20　动态参数贝叶斯估计结果

参数	经济含义	校准赋值	先验分布	后验均值
κ_1	第一产业投资调整成本的二阶导数	2	N（2，1.5）	2.2811
κ_2	第二产业投资调整成本的二阶导数	8	N（8，1.5）	9.3305
κ_3	第三产业投资调整成本的二阶导数	3	N（3，1.5）	1.0212
ξ_p	价格调整的黏性程度	0.9	B（0.9，0.05）	0.8656
ξ_w	工资调整的黏性程度	0.75	B（0.75，0.05）	0.8300
σ_{l1}	第一产业中影响实际工资的劳动投入弹性的倒数	1	N（2，0.75）	2.8116
σ_{l2}	第二产业中影响实际工资的劳动投入弹性的倒数	2.4	N（2，0.75）	0.9609

续表

参数	经济含义	校准赋值	先验分布	后验均值
σ_{l3}	第三产业中影响实际工资的劳动投入弹性的倒数	2	N（2，0.75）	2.2529
ρ_g	政府支出冲击的弹性系数	0.4651	B（0.45，0.1）	0.2929
φ_g	政府支出对债券的反应系数	0.1298	B（0.15，0.1）	0.2993
ρ_T	税收冲击的弹性系数	0.85	B（0.85，0.2）	0.9168
φ_T	税收对债券的反应系数	0.85	B（0.85，0.2）	0.9976
ρ_r	利率冲击弹性系数	0.80	B（0.85，0.2）	0.1265
ρ_y	利率冲击中产出的弹性系数	0.125	N（0.125，0.05）	0.1174
ρ_π	利率冲击中通胀的弹性系数	1.70	N（1.70，0.1）	1.8031
ρ_a	技术冲击弹性系数	0.85	B（0.85，0.05）	0.9006
ρ_B	家庭偏好冲击弹性系数	0.85	B（0.85，0.05）	0.8126
ρ_L	有效劳动供给冲击弹性系数	0.85	B（0.85，0.05）	0.7367
ρ_I	投资调整成本冲击弹性系数	0.85	B（0.85，0.05）	0.6596

资料来源：笔者编制。

根据估计结果可以看出，三次产业的投资调整成本二阶导数有很大的变化，第一产业为2.2811，第二产业为9.3305，第三产业为1.0212，这说明三次产业对投资调整成本的敏感度具有很大差异。价格调整与工资调整黏性相当。三次产业中影响实际工资的劳动投入弹性倒数也有较大差异，尤其是第二产业，其为0.9609，第一产业和第三产业分别为2.8116、2.2529。值得注意的是，利率冲击弹性系数为0.1265，与0.85的先验均值相比变化非常大，说明贝叶斯估计中使用了大量的数据信息用以修正。

对于以上参数，包括产业层面相关系数和政策弹性系数等，其估计是不可或缺的，对于产业化改进的 DSGE 模型能够稳定运行起决定性作用。基于这些参数估计，本书搭建了可动态模拟中国产业经济运行的数据仿真平台，为量化测度我国宏观经济动态产业效应提供了载体。

宏观经济动态产业效应测度

　　基于第四章的中国产业化 DSGE 模型数据仿真平台，本章在 Dynare 工具包下模拟了经济系统各变量对随机外生冲击的响应结果和波动缘由，依据经验数据测度了宏观经济动态产业效应。主要包括以下五部分内容：①对外来技术冲击的系统稳定性响应分析；②基于产业结构视角对财政货币政策冲击的宏观经济效应分析；③有效劳动供给的冲击效应分析；④产品价格的冲击效应分析；⑤分析不同产业经济下重要经济变量的波动原因。

第一节　外来技术冲击的系统稳定性响应

　　采用索洛、肯德里克和丹尼森界定的非具体化技术，这里的技术是广义经济环境概念，除了狭义的技术创新外，还包括制度体制、市场环境、自然环境的变化，以及国外因素的影响等。自 2008 年全球金融危机以来，我国宏观经济增长速度下滑，经济下行压力增强，我国经济进入新常态，其实质是经济进入结构大调整时期，也是长周期波动中的衰退期，因此，这里假设经济体遭受一单位标准差的负面技术冲击。图 5-1 至图 5-6 给出了不同产业类型下产出、消费、投资、就业、通胀和工资水平在负面技术冲击下的脉冲响应结果。总的来看：①第二、第三产业的产出、消费和投资与社会总水平具有大致相似的响应路径，而第一产业的产出、消费和投资则对负面技术冲击非常敏感；②第二、第三产业的就业水平也具有相似的响应路径，负面技术冲击下反而促进了就业，第一产业就业水平则大幅下降，社会总就业水平微幅波动；③三次产业下的通胀水平与社会平均通胀水平具有共动性，唯一不同的是第一产业瞬时波幅较小；④三次产业下的工资水平具有较大差异，第二产业工资水平与社会平均工资水平响应类似，而第一、第三产业波幅和相位都有较大差异。具体分析如下：

在负面技术冲击下，第一产业产出水平瞬时下降为-6.39%，第 2 期达到-7.69%的最小值，之后迅速上升并缓慢回到稳态水平；第二产业产出水平微幅上升，第 4 期达到 0.63%的最大值，之后很快下降并转为负值，维持一段时期的负向波动后逐渐恢复至稳态水平；第三产业产出水平瞬时下降为-1.26%，之后缓慢上升，逐渐恢复至稳态水平；社会总产出也呈现出微幅下降，之后缓慢恢复至稳态水平的现象（见图 5-1）。从图形看，负面技术冲击下第一产业产出水平反应最明显，这间接说明了我国第一产业生产过程中技术化明显，农业正在由传统的劳动密集型向技术密集型转变。

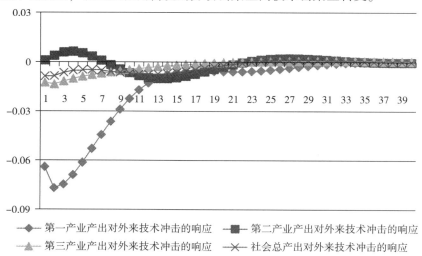

图5-1 一单位标准差负面技术冲击下产出的脉冲响应结果

在消费方面，第一产业消费水平也呈现出断崖式下降的态势，瞬时下降幅度为-8.35%，第 2 期达到-9.39%的最小值，之后缓慢上升，逐渐恢复至稳态水平，但波动周期较长；第二、第三产业消费水平和社会总消费水平具有相似的脉冲响应曲线，平均瞬时下降幅度为-0.258%，同时在第 2 期达到最小值，之后缓慢上升，逐渐恢复至稳态水平（见图5-2）。

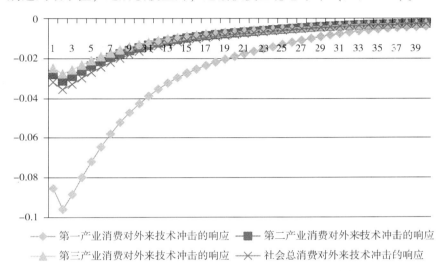

图5-2　一单位标准差负面技术冲击下消费的脉冲响应结果

在投资方面，第一产业同样表现出了不同于第二、第三产业的响应路径，其瞬时下降为-6.75%，于第 4 期达到-13.96%的最小值，之后迅速上升，并于第 10 期转为正值，随后又经历一个波峰再逐渐回到稳态水平；第二、第三产业的投资水平和社会总投资水平具有相似的响应路径，平均瞬时上升2.59%，之后缓慢下降，逐渐恢复至稳态水平，且波动周期较第一产业缩短了一半时间（见图5-3）。该图再一次表明了第一产业生产过程中技术化明显，因此，因受负向技术冲击的影响，投资水平出现大幅下降的态势，但这种态势在市场消化之后又出现了一个上升的周期。

在就业方面，三次产业表现出了不同的响应路径。第一产业就业水平瞬时下降为-1.63%，第 3 期达到-4.70%的最小值，之后迅速上升，并于第 9 期转为正值，在历经一段较长时期的正向波动后逐渐回到稳态水平；

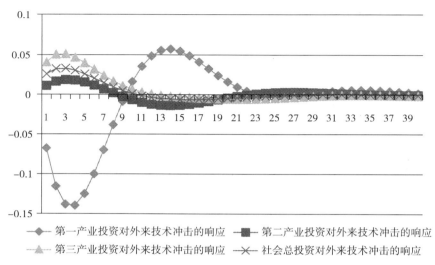

图 5-3　一单位标准差负面技术冲击下投资的脉冲响应结果

第二、第三产业的就业水平则瞬时上升，上升幅度分别为 9.18% 和 6.92%，之后迅速下降并逐渐回到稳态水平；社会总就业水平变化幅度较小，瞬时上升 3.63%，之后缓慢回到稳态水平（见图 5-4）。从图形看，第一产业就业水平先下降后上升，这说明负面技术冲击伴随着失业，间接反映了第一产业中技术与劳动力供给之间具有一定的互补性，而第二、第三产业在负面技术冲击下增加就业，反映了第二、第三产业中技术与劳动力供给之间具有一定的替代性，说明第二、第三产业的生产要素结构还有优化的空间。

在通胀方面，三次产业的通胀水平与社会平均通胀水平具有相似的响应路径，唯一的区别在于冲击下的瞬时反应程度，尤其是第一产业。在负面技术冲击下，三次产业都表现出了价格上涨的特征，其中，第一产业通胀瞬时上升 0.55%，第二产业瞬时上升 1.31%，第三产业瞬时上升 1.37%，之后这些响应曲线逐渐下降并回到稳态水平（见图 5-5）。从图形可以看出，在负面技术冲击下，全社会以及各产业都出现了一定程度的通货膨胀，说明了生产过程中技术水平的下降是由更多的物质生产要素来弥补的，比如更多的劳动力供给，或者更多的资本投入等，这直接导致了物价的上涨，尤其是第二、第三产业，间接反映了第二、第三产业的生产要素之间具有更好的优化配置空间。

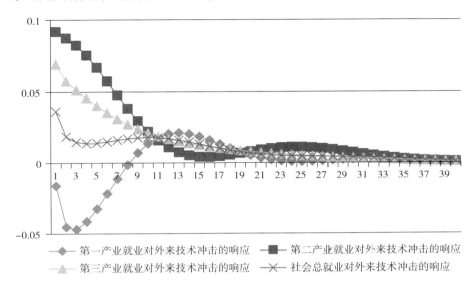

图 5-4 一单位标准差负面技术冲击下就业的脉冲响应结果

在工资方面，从整体看，在负面技术冲击下，各产业工资水平和全社会平均工资水平都出现了大幅下降的特征，尤其是第一产业，其瞬时下降为-1.54%，第5期达到-2.19%的最小值，之后迅速上升并逐渐回到稳态水平；第二、第三产业工资水平和全社会平均工资水平具有相似的瞬时下降幅度，平均为-1.10%，但它们回到稳态水平的路径并不相同，第二产业在瞬时变化后缓慢上升逐渐回到稳态水平，第三产业则迅速上升并转为正值，之后再缓慢下降回到稳态水平，社会平均工资水平则迅速上升逐渐回到稳态水平（见图5-6）。三次产业的工资水平响应曲线与就业水平的变化有着莫大联系，负面技术冲击伴随着第一产业的失业特征，导致劳动力过剩，相应的工资水平也有所下降，而第二、第三产业均出现了小幅度的促进就业特征，劳动力供给增加，其相应的工资水平出现低幅度下降。

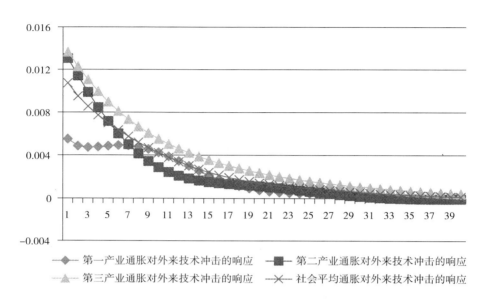

图 5-5　一单位标准差负面技术冲击下通胀水平的脉冲响应结果

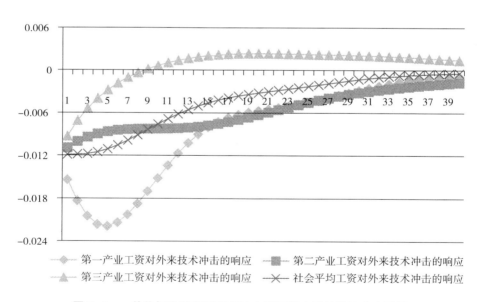

图 5-6　一单位标准差负面技术冲击下工资水平的脉冲响应结果

第二节　财政货币政策冲击的宏观经济效应

一、政府支出冲击效应分析

政府支出冲击主要源于政府应对经济下滑或过热而采取的财政对冲政策。政府通过支出手段的安排，一方面直接影响资本在企业间的合理配置；另一方面通过示范效应引导投资者的注资倾向，从而影响资本在企业间的供需结构，对产业结构调整发挥作用。为应对国际金融危机，我国实施了积极的财政政策，扩大政府公共投资，着力加强重点建设等。一方面继续加大了财政政策对深化供给侧结构性改革的支持力度；另一方面还扭转了不合理的财政措施等。此外，例如我国对医疗卫生、教育、社会保障、环境治理等的公共财政需求也在不断加大。这旦假设经济体遭受正向的政府支出冲击。总的来看：①三次产业下的产出、就业、通胀和利率水平与社会相应总水平（或平均水平）具有相似的响应路径，不同点一般在于其瞬时响应幅度；②第二、第三产业的消费水平与社会总消费水平具有相似的响应路径，而第一产业反应更加敏感；③三次产业下的投资和资本水平响应相位和幅度都有较大差别，但第一产业与社会总水平具有相似的响应路径；④第一、第三产业的工资水平和资本品价格与社会平均工资水平和资本品价格具有相似的响应路径，不同之处在于波幅，而第二产业响应路径具有较大差异。具体分析如下：

正向的财政支出政策通过乘数效应体现了对国家产业结构调整的导向作用，从总量上对产业结构调整起到了促进效果。从脉冲响应结果看，在一单位正向的政府支出冲击下，第二产业产出瞬时变化最小，上升1.11%，第三产业产出瞬时变化最大，上升3.33%，第一产业产出居中，上升 2.51%，而总产出略低于第二产业产出，瞬时上升 2.06%（见图 5-7）。

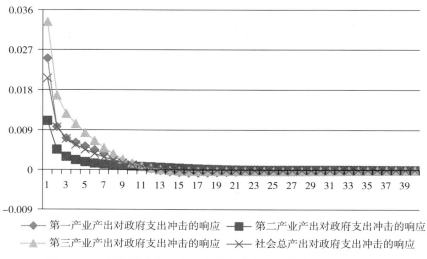

图 5-7　一单位标准差正向政府支出冲击下产出的脉冲响应结果

在政府支出冲击下，三次产业的消费情况具有不同于其他经济变量的响应结果。在一单位标准差正向政府支出的冲击下，第二、第三产业消费水平和社会总消费水平具有相似的响应结果，平均瞬时下降约 0.4%，但第一产业消费水平则瞬时下降 1.24%（见图 5-8）。从图中可以看出，政府支出对居民消费水平具有一定的挤出效应，尤其是从事第一产业的居民消费水平。决定居民消费水平最重要的因素是可支配收入，居民消费水平取决于当前的绝对收入水平。从政府支出冲击下产出（即收入）的响应结果看，政府支出政策通过乘数效应对产业产出起到了促进作用，居民可支配收入上升，虽然居民消费总量会增加，但边际消费倾向会随着收入的增加而递减，所以三次产业下的消费水平可能会下降。由政府支出对居民消费水平的挤出效应可以看出，边际消费倾向的下降更为明显，更多的收入用于投资，这与投资的响应曲线是一致的。大规模投资使生产能力迅速扩张，而消费增长速度赶不上资本投入和生产能力的扩张速度，因此出现了持续的内需不足和生产能力过剩的现象。

不同支出项目在改变社会需求结构时对企业投资行为和生产决策的影

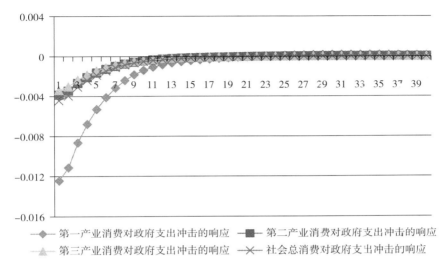

图 5-8 一单位标准差正向政府支出冲击下消费的脉冲响应结果

响存在较大差异。一般而言，政府投资的方向、重点与规模决定了不同产业的发展速度与水平。在一单位正向的政府支出冲击下，第二产业几乎没有发生变化，说明当前政府在第二产业方面的投资是相对稳定的，而且第二产业对于经济冲击具有较强的内化机制，这主要是因为我国的第二产业发展已具有一定规模，并且具有相对较大的投资基础。受冲击影响较大的是第三产业，这也是当前政府投资的重点内容，第三产业投资水平在冲击后瞬时上升 1.96%，在第 3 期达到 2.80% 的最大值，之后迅速下降并于第 8 期变为负值，在第 12 期达到 -1.32% 的最小值，随后缓慢上升，于第 22 期回到稳态水平。第一产业也受到政府支出冲击较强的影响，第一产业投资水平在冲击后瞬时上升 0.56%，在第 4 期达到 1.00% 的最大值后迅速下降，于第 9 期变为负值，在经过大约 13 期后回到稳态水平。总投资受到冲击后的变化与第一产业脉冲响应结果类似（见图 5-9）。三次产业的投资水平在受到政府支出冲击作用后表现出来的差异，恰恰反映了政府投资的方向、重点与规模，其中，政府对于第三产业的扶持程度最大。近年来，政府支出主要是消费性支出，而投资性支出则主要是针对第三产业，如交通运输、电子科技、"互联网+"、新能源汽车、集成电路及新型材料等、

房地产、物流、创投等方面，同时政府扶持对象也包括第一产业，尤其是
"互联网+"背景下传统生产、销售等环节的转化和升级。

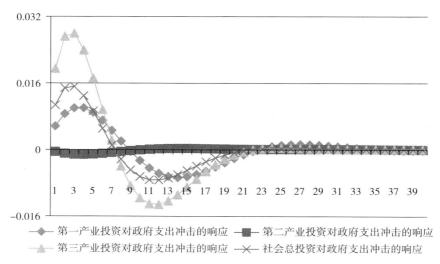

图5-9　一单位标准差正向政府支出冲击下投资的脉冲响应结果

在政府支出冲击下，不同产业的劳动力就业水平在瞬时反应方面具有
明显区别，具有最强反应的仍然是第三产业，瞬时上升5.55%；其次是第
一产业，瞬时上升4.18%；反应最弱的是第二产业，瞬时上升1.85%，值
得注意的是，社会总就业水平具有与第一产业相似的响应结果（见图5-
10）。劳动力就业水平的脉冲响应结果间接反映了政府财政支出的方向和重
点，同样凸显了对第三产业的强力注资，对第一产业的重点扶持，而对第二
产业是稳中保持。三次产业中劳动力的响应曲线也显现了我国产业结构调整
中劳动力要素的资源配置效率，第三产业具有较强吸纳就业的动力，而第二
产业低于社会总就业水平，第一产业则与社会总就业水平的变化持平。

在政府支出冲击下，资本的响应曲线与投资的响应曲线类似。在一单
位正向的政府支出冲击下，第二产业几乎没有发生变化，而第三产业资本
受到的冲击作用最大，第一产业居中，并且与社会总资本响应曲线一致
（见图5-11）。资本的响应曲线也反映了三次产业在资本扶持方面的差异，
其中，第三产业具有明显的优势。

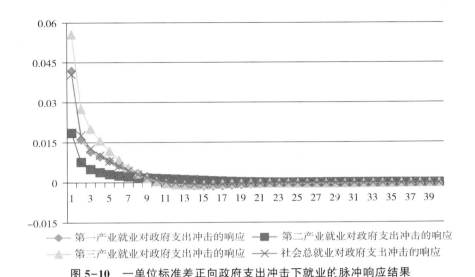

图 5-10　一单位标准差正向政府支出冲击下就业的脉冲响应结果

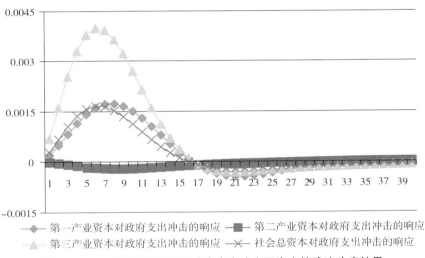

图 5-11　一单位标准差正向政府支出冲击下资本的脉冲响应结果

在政府支出冲击下，三次产业的通货膨胀率表现出相似于利率的响应过程，只是响应幅度较小。从整体上说，三次产业对应的通货膨胀率对于政府支出冲击的响应并不明显，第三产业响应最强，第一产业其次，并且与社会平均通货膨胀率一致，响应最弱的是第二产业（见图 5-12）。第二产业主要是工业和建筑业，较之第三产业类型较单一，产品价格相对稳定，所以第二产业的通货膨胀率响应幅度最小，而第三产业的丰富多元化也使价格具有相对波动性。

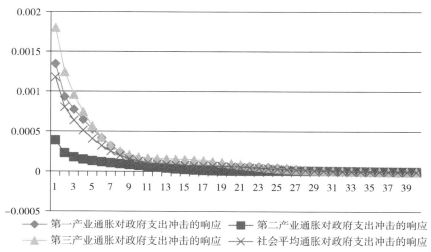

图5-12　一单位标准差正向政府支出冲击下通胀的脉冲响应结果

　　在政府支出冲击下，三次产业对应的工资水平响应曲线具有较大差异，但仍然表现出第三产业响应幅度最大，其次是第一产业，最后是第二产业，甚至出现第二产业响应为负的现象，但值得欣慰的是，三次产业的响应幅度都比较小，尤其是瞬时响应程度，第三产业与第一产业，以及社会平均工资水平具有极为相似的响应程度，但它们的最大响应幅度具有较大差异（见图5-13）。值得注意的是，第二产业工资水平虽然响应幅度较小，但始终为负值，说明第二产业属于非劳动密集型产业，这也从反面说明了第二产业结构的优化和升级。

　　对于资本品价格而言，第三产业仍然具有较大的响应幅度，瞬时上升为1.25%，之后迅速下降并于第6期变为负值，之后继续下降再上升，逐渐回到稳态水平；第一产业资本品价格与社会资本品总价格响应曲线一致，瞬时上升大约为6.1%，之后迅速下降并逐渐回到稳态水平；与第一、第三产业不同的是，第二产业资本品价格受到冲击后反而下降为负值，之

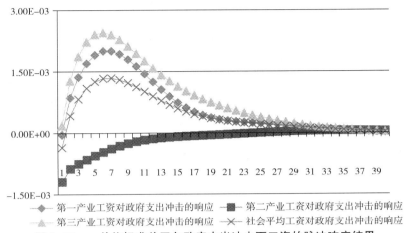

图 5-13　一单位标准差正向政府支出冲击下工资的脉冲响应结果

后又很快恢复到稳态水平（见图 5-14）。从响应曲线看，第一、第三产业资本品价格上升，第二产业资本品价格下降，这与产业结构类型有很大的关系，与通货膨胀率响应情况类似，第三产业类型丰富，资本品价格多元化，并且具有较强的波动性，政府支出增加促使了第三产业资本品价格上涨，而第二产业则相反，产品类型相对单一且价格稳定，政府支出增加迫使其资本品价格下降。

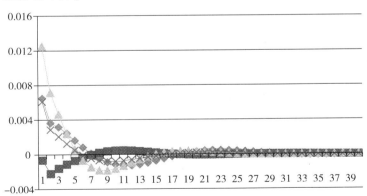

图 5-14　一单位标准差正向政府支出冲击下资本品价格的脉冲响应结果

在政府支出冲击下，三次产业的利率表现出相似于通货膨胀率的响应过程。第三产业利率瞬时上升幅度最大，为5.57%；其次是第一产业，为4.18%，社会平均利率水平略低于第一产业，为3.83%；最后是第二产业，仅上升1.73%（见图5-15）。三次产业的利率水平也间接反映了三次产业对应产品的结构调整问题。利率水平的高低影响着资本要素和投资水平的流向，第三产业的高利率响应吸引着投资的注入，这对于优化第三产业内部的多元化产品类型具有重要意义，而第二产业的低利率响应也暗示了第二产业的资本相对饱和。

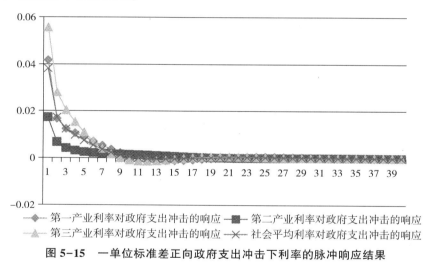

图5-15 一单位标准差正向政府支出冲击下利率的脉冲响应结果

二、税收冲击效应分析

为应对经济下滑，我国出台了一系列减税方法来刺激消费和投资，通过总需求扩张拉动经济，例如小微企业所得税优惠政策范围不断扩大，科技型中小企业研发费用加计扣除比例逐步提高，增值税税率进行优化简并等。对应于减税降负，这里给出一单位标准差负面税收冲击的脉冲响应结果。总的来说：①在税收冲击下，主要宏观经济变量的响应路径具有较大差异，其中，三次产业下的产出、就业和利率与社会总水平（或平均水平）具有相似的响应相位，但波动幅度较大；②第二、第三产业消费水平与社会总消费水平响应路径相似，但第一产业的消费对税收冲击的响应非常敏感；③第三产业的投资和资本与社会总投资和总资本具有相似的响应相位，但波幅差异较大，第一、第二产业则表现出相似的响应路径，但第一、第二产业下的资本在后期的响应路径有所差异；④第一产业的通胀、工资和资本品价格与社会平均水平具有相似的响应路径，但响应幅度不同，第二、第三产业的通胀、工资和资本品价格则表现出完全相反的响应路径。具体分析如下：

在一单位标准差负向的税收冲击下，三次产业产出水平都表现出了瞬时的下降状态，但第二、第三产业和总产出水平下降幅度非常小，而且第三产业产出水平迅速变为正值，并于第7期达到3.66%的最大值，随后缓慢下降并长期处于正值状态，这说明第三产业产出水平对于税收政策具有较强的敏感性；第二产业产出水平在瞬时下降后缓慢上升，于第8期变为正值，并长期处于正值状态，尽管第二产业产出水平也表现出了先下降后上升的波动状态，但其波动幅度比较小，说明第二产业对税收政策的影响相对较弱；与第二、第三产业不同的是，第一产业产出水平在冲击作用下瞬时下降为-3.59%，这似乎与税收减少产出增加的常态有所背离，但这也恰好说明了税收政策具有一定的滞后性，第一产业产出水平于第5期变为正值，并长期处于正值状态，说明税收政策对产出具有一定的效应持续性。从总产出水平的响应曲线看，税收减少，总产出水平上升，并长期处于正值状态，这说明税收政策是调节产出水平的有效政策。从三次产业产出水平的不同表现看，税收政策对不同产业类型具有不同的响应特点，因此，税收政策在一定程度上可以调整产业结构，但税收调整具有一定的滞后性（见图5-16）。

与其他主要经济变量不同，在消费方面，主要是第一产业的消费水平表现出不同于其他产业消费水平的特征。第二产业消费水平瞬时下降为-1.57%，第三产业消费水平瞬时下降为-1.37%，社会总消费水平瞬时下降为-1.80%，这三条曲线在瞬时下降后缓慢上升逐渐回到稳态水平，但时间周期较长。

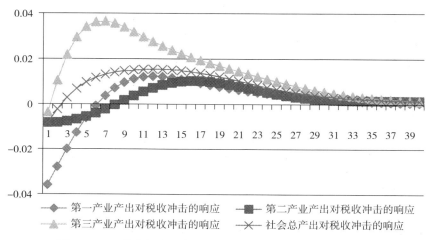

图5-16　一单位标准差负面税收冲击下产出的脉冲响应结果

第一产业消费水平响应曲线则瞬时下降为-5.06%,非常不同于其他产业的情况,之后该曲线逐渐上升回到稳态水平(见图5-17)。从响应曲线看,三次产业消费水平以及社会总消费水平并没有因为税收减少而增加,反而是有所减少,尤其是第一产业消费水平,这恰恰说明了消费具有一定的惯性。此外,政府减少税收会导致居民可支配收入增加,这会导致社会储蓄率上升,但消费不一定会增加。

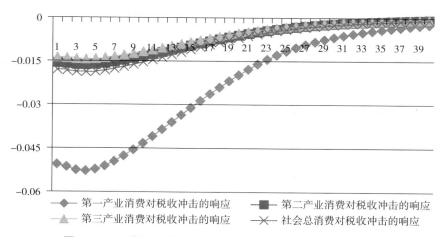

图5-17　一单位标准差负面税收冲击下消费的脉冲响应结果

　　在税收冲击下，三次产业的投资水平也表现出不同的响应特征。第一、第二产业投资水平瞬时小幅下降，但第一产业投资水平很快上升为正值，维持一段时间后逐渐恢复到稳态水平，而第二产业投资水平则始终保持为负值。与第一、第二产业不同的是，第三产业投资水平瞬时上升为7.56%，之后继续上升，并于第4期达到17.40%的最大值，随后转为下降，并于第11期变为负值；社会总投资水平表现出与第三产业投资水平相似的响应曲线，只是响应幅度有所减弱（见图5-18）。从总体上看，第一产业投资水平先下降后上升，第二产业投资水平微幅下降，而第三产业投资水平则大幅上升，三次产业投资水平对税收冲击的不同响应间接反映了税收政策会通过影响投资水平而对产业结构作出调整。

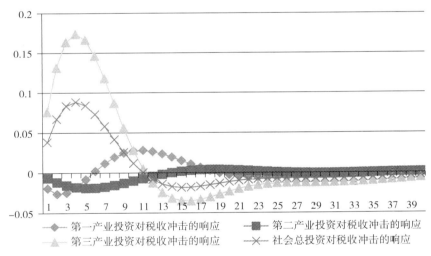

图 5-18　一单位标准差负面税收冲击下投资的脉冲响应结果

　　在税收政策冲击下，三次产业的劳动力就业水平也表现出了不同的响应特点。第一产业就业水平与社会总就业水平具有相似的响应路径，其中，第一产业就业水平瞬时下降为-5.98%，社会总就业水平瞬时下降为-3.19%，它们都表现出迅速上升转为正值的特征，并且持续了较长周期才回到稳态水平。第二产业的就业水平微幅下降为-1.37%，之后缓慢上升并于第8期转为正值，随后表现出与第一产业就业水平相似的特征，持续较长周期后才回到稳态水平。第三产业的就业水平则瞬时变化后迅速上升，并持续了较长时间才逐渐回到稳态（见图5-19）。从整体上看，第一产业在受到税收冲击后短期内造成了失业，但从长期看也促进了较长时间的就业增加，第二产业则在较短的失业后也转为促进就业状态，第三产业则一开始就促进了就业，并长期处于就业增加状态。负向的税收政策冲击对不同产业的劳动力就业状态造成了不同程度的促进效应，那么可以认为，减税在一定程度上会促进就业，并且不同产业之间的劳动力要素流动程度不同，在一定程度上，税收政策可以调整产业之间的就业结构。

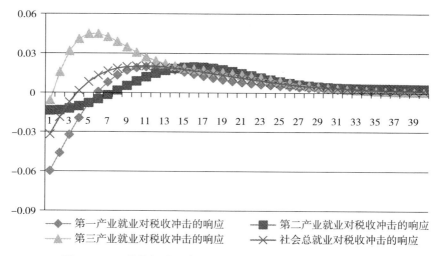

图5-19 一单位标准差负面税收冲击下就业的脉冲响应结果

在税收冲击下，三次产业的资本水平瞬时反应不明显，第一产业资本水平在微幅下降后又转为正值，并持续了很长一段时间，第二产业资本水平始终保持负向的波动结果，而第三产业资本水平则始终为正并经历了大幅度的上升，上升的最大幅度为3.37%，之后缓慢下降并逐渐回到稳态，对于社会总资本而言，也长期保持在正向水平，但响应幅度较小（见图5-20）。从脉冲响应结果可以看出，政府税收减少，第一产业资本先下降后上升，第二产业资本微幅下降，第三产业资本则大幅上升，这说明税收政策能够调整产业的资本投入，对第三产业的效果尤其明显。

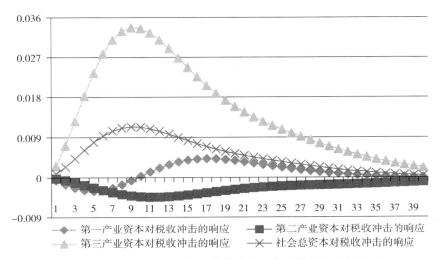

图 5-20 一单位标准差负面税收冲击下资本的脉冲响应结果

在税收政策冲击下，第二、第三产业的通货膨胀水平表现出了相反的响应特征。第二产业通货膨胀率在受到冲击后瞬时下降为-0.28%，之后缓慢上升并始终保持为负，表现为长期的通货紧缩状态；而第三产业通货膨胀率在受到冲击后瞬时上升为0.38%，之后缓慢下降并始终保持为正，表现为长期的通货膨胀状态。第一产业通货膨胀率则接近于全社会平均通货膨胀率，在瞬时下降后迅速上升，并逐渐回到稳态水平（见图5-21）。从总体看，全社会在税收减少的情况下表现为通货膨胀，尤其是第三产业，但第二产业由于产品价格刚性明显，保持一定的通货紧缩状态。

在税收政策冲击下，三次产业的工资水平也有着不同的响应路径。第一产业的工资水平与全社会的平均工资水平响应路径较为相似，但第一产业的工资水平响应幅度更大，第二、第三产业的工资水平则表现出相反的响应特征。第一产业工资水平瞬时下降为-0.33%，之后继续下降并于第5期达到-0.87%的最小值，随后缓慢上升逐渐恢复至稳态水平，社会平均工资水平则瞬时下降为-0.14%，之后继续下降并同样于第5期达到-0.42%的最小值，随后缓慢上升并逐渐与第一产业工资水平响应曲线重合，第二产业工资水平瞬时下降为-0.19%，之后继续下降并于第10期达到-1.20%的最

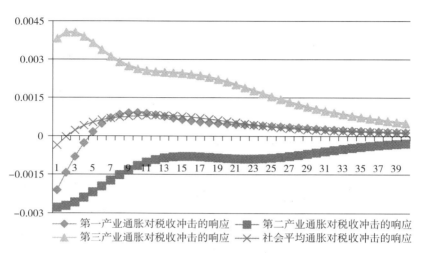

图 5-21 一单位标准差负面税收冲击下通胀的脉冲响应结果

小值，之后缓慢上升，直至第 40 期还未达到稳态水平，第三产业工资水平
与第二产业工资水平响应路径相反，瞬时上升为 0.11%，之后继续上升，
并于第 17 期达到 0.87% 的最大值，随后缓慢下降但仍然为正值，同样，第
三产业工资水平直到第 40 期也未回到稳态水平（见图 5-22）。从总体看，税
收减少，全社会工资水平略有下降，但主要是第二产业工资水平下降，第三
产业工资水平上升，因此，可以根据税收政策调整不同产业的工资水平。

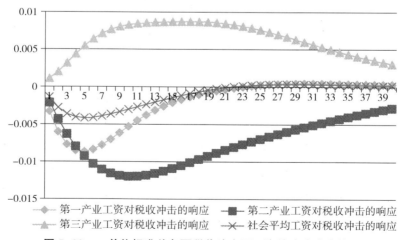

图 5-22 一单位标准差负面税收冲击下工资的脉冲响应结果

　　资本品价格在税收减少冲击下也表现出了第二、第三产业相反的响应特征，其中，第二产业资本品价格瞬时下降为-1.45%，之后缓慢上升，于第10期转为正值并逐渐恢复至稳态水平，第三产业资本品价格则瞬时上升为2.31%，之后迅速下降，于第8期转为负值并逐渐恢复至稳态水平。第二、第三产业资本品价格的涨跌与通货膨胀率的响应结果类似，第二产业资本品价格下跌，第三产业资本品价格上涨。第一产业资本品价格变化与通货膨胀率响应情况相似，瞬时下降为-2.84%后迅速上升并回到稳态水平（见图5-23）。从总体看，资本品价格并没有多大波动，社会平均资本品价格瞬时微幅下降，很快就恢复到稳态水平，恰好体现了第二、第三产业资本品价格相互抵消的结果。从图5-23可以得出以下结论：税收政策能够在保证全社会资本品价格水平不变的前提下，调整第二、第三产业的资本品价格，进而影响各产业的资本投入水平。

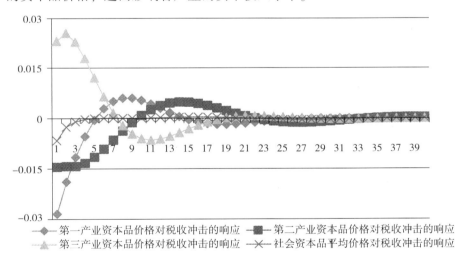

图5-23　一单位标准差负面税收冲击下资本品价格的脉冲响应结果

　　在税收减少冲击下，三次产业的利率水平都表现出了不同程度的瞬时下降，其中，第一产业利率水平瞬时下降程度最大，为-6.30%；其次是第二产业，为-1.57%；最后是第三产业，为-0.48%，之后三次产业的利率水平具有非常不同的响应路径。第一产业利率水平迅速上升，并于第7期转为正值，经过较长时期的小幅正值后逐渐恢复至稳态水平；第二产业利率水平则在瞬时下降后缓慢上升，于第 10 期变为正值，之后缓慢恢复至稳态水平；第三产业利率水平则在瞬时下降后立即变为正值，并于第 4 期达到最大值，为 3.27%，之后缓慢下降逐渐恢复到稳态水平。从总体看，政府税收减少，全社会的平均利率水平瞬时下降为 -2.78%，之后迅速上升并于第 5 期变为正值，经历较长时期的微幅正值后逐渐恢复至稳态水平（见图 5-24）。

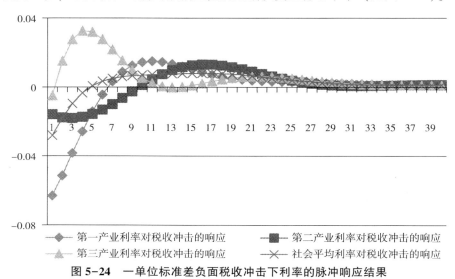

图 5-24　一单位标准差负面税收冲击下利率的脉冲响应结果

三、利率冲击效应分析

为应对经济下滑，我国继续采用适度宽松的货币政策，实行低利率政策，减轻企业贷款、融资成本负担，释放居民储蓄，鼓励和扩大消费，向市场释放流动性，与此对应，这里给出一单位标准差负向的利率政策冲击效应。总的来说：①利率政策冲击下各产业的主要宏观经济变量均表现出相似的响应路径，货币政策对于产业结构调整效果不明显；②三次产业下的产出、消费、就业、通胀和资本品价格与社会总水平（或平均水平）具有相似的响应路径，都是瞬时响应后迅速恢复至稳态水平，但瞬时响应幅度不同；③第一、第三产业下的投资、资本水平与社会总水平具有相似的响应路径，第二产业反应相对较弱；④第二产业工资水平与社会平均工资水平具有相似的响应路径，第一产业反应相对更强，而第三产业反应相对较弱。具体分析如下：

在利率冲击下，三次产业的产出水平和全社会总产出水平表现出相似的响应路径，唯一不同的是瞬时变化的区别。第一产业产出水平瞬时上升为18.53%，第二产业产出水平瞬时上升为3.81%，第三产业产出水平瞬时上升为6.27%，社会总产出水平瞬时上升为5.79%，之后这些产业产出水平都迅速回到稳态水平，这说明货币政策对各产业产出水平影响很弱，各产业几乎不对其做出反应（见图5-25）。

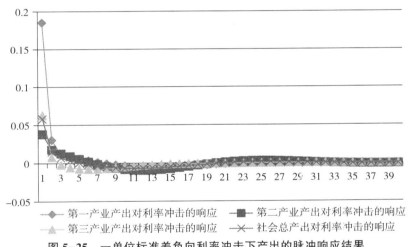

图5-25　一单位标准差负向利率冲击下产出的脉冲响应结果

利率政策冲击下的各产业消费水平也表现出与产出相似的响应路径，三次产业的消费水平均在冲击下做出瞬时反应，随后迅速回到稳态水平，其中，第一产业消费水平瞬时上升为26.01%，第二产业消费水平瞬时上升为8.05%，第三产业消费水平瞬时上升为7.07%，社会总消费水平瞬时上升为9.26%（见图5-26），尽管三次产业的消费水平表现出相似的响应路径，但它们对利率政策冲击做出的瞬时反应差别却很大，上升幅度也有很大的不同，可见，利率下降，居民的储蓄倾向减弱，消费欲望增强。因此，降低利率有利于促进消费。

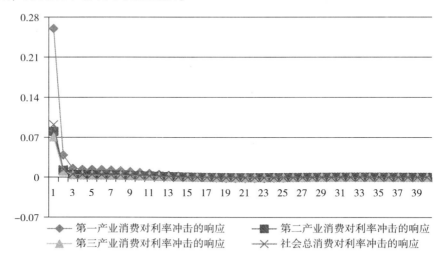

图 5-26 一单位标准差负面利率冲击下消费的脉冲响应结果

与其他宏观经济变量不同，不同产业的投资水平在货币政策冲击下具有不同的响应路径，且波动幅度较大。第一、第三产业投资水平和社会总投资水平具有相似的响应曲线，第一产业投资水平瞬时上升为 10.46%，第三产业投资水平瞬时上升为 16.57%，而社会总投资水平瞬时上升为 10.52%，之后这三条曲线都迅速下降转为负值，持续一段时间后恢复至稳态水平；第二产业投资水平瞬时上升为 2.68%，较之其他产业，其上升幅度最小，之后该曲线缓慢下降并转为负值，持续一段时间后恢复至稳态水平（见图 5-27）。从图 5-27 中可以看出，在利率政策冲击下，各产业的投资水平波动幅度都比较大。因此，货币政策下调整各产业的投资水平效果明显。

与各产业产出水平响应曲线类似，各产业的劳动力就业水平也表现出相似的响应路径，瞬时上升后迅速恢复至稳态水平，区别仍在于瞬时变化的不同。第一产业劳动力就业水平瞬时上升为 30.88%，第二产业劳动力就业水平瞬时上升为 6.34%，第三产业就业水平瞬时上升为 10.46%，全社会劳动力就业水平瞬时上升为 18.63%（见图 5-28）。可见，在宽松的货币政策下，各产业的劳动力就业水平能够迅速做出调整。

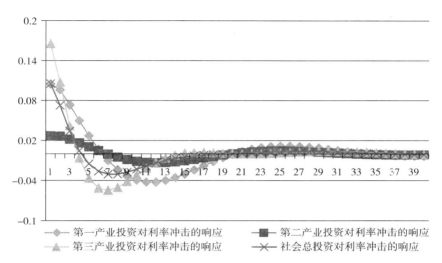

图 5-27　一单位标准差负面利率冲击下投资的脉冲响应结果

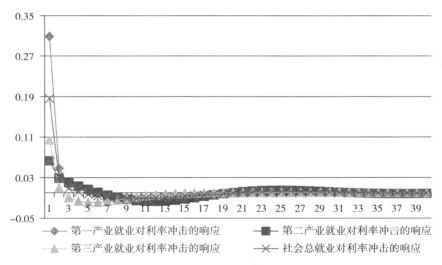

图 5-28　一单位标准差负面利率冲击下就业的脉冲响应结果

与产出、消费水平不同，三次产业的资本在受到利率冲击后，表现出不同的脉冲响应路径。第一产业资本瞬时上升为 0.37%，之后继续上升，并于第 5 期达到 1.12% 的最大值，随后迅速下降，于第 14 期转为负值，持续一段下降状态后逐渐上升回到稳态水平；第三产业资本水平响应路径与

第一产业资本水平相似，瞬时上升为 0.58%，之后迅速上升并于第 3 期达
到 1.05% 的最大值，随后迅速下降并于第 9 期转为负值，持续较长时期的
负值后逐渐上升回到稳态水平；第二产业资本波动幅度较小，瞬时上升为
0.09%，之后继续上升并于第 6 期达到 0.33% 的最大值，随后缓慢下降并
转为负值，持续一段时间的小幅波动后回到稳态水平；社会总资本水平瞬
时上升为 0.32%，之后迅速上升并于第 4 期达到 0.65% 的最大值，随后迅
速下降并于第 13 期转为负值，持续一段小幅波动后逐渐回到稳态水平
（见图 5-29）。尽管这些脉冲响应曲线表现出不同的波动特征，但基本上
都体现了先大幅上升后小幅下降的趋势，这说明利率下降导致资本大幅增
加，但随后资本会做出调整，使其小幅下降，而且整个调整周期比较长。

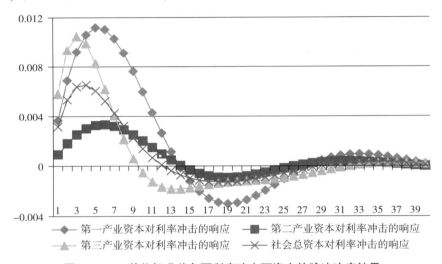

图 5-29　一单位标准差负面利率冲击下资本的脉冲响应结果

在货币政策冲击下，通货膨胀率和资本品价格都表现出了瞬时上升之
后迅速下降再回到稳态水平的响应特征。就通货膨胀率而言，第一产业通
货膨胀率瞬时上升为 0.42%，第二产业通货膨胀率瞬时上升为 0.11%，不
同的是，第三产业通货膨胀率瞬时下降为 -0.04%，在保持一段下降过程后
再回到稳态水平，社会平均通货膨胀率瞬时上升为 0.17%（见图 5-30）。从
整体看，不同产业的通货膨胀率瞬时变化幅度相差并不大，虽然利率下降导

致价格瞬间上涨，但很快就做出调整使价格下跌，维持一段通货紧缩后再回到稳态水平。就资本品价格而言，第一产业资本品价格瞬间上升为 25.76%，第二产业资本品价格瞬间上升为 25.48%，第三产业资本品价格瞬间上升为 22.58%，社会资本品平均价格上升为 24.61%，之后三次产业的资本品价格都迅速回到稳态水平（见图 5-31），可见，各产业的资本品价格能够对货币政策冲击做出瞬时调整，而且调整幅度较大，但货币政策冲击对资本品价格的影响周期非常短。

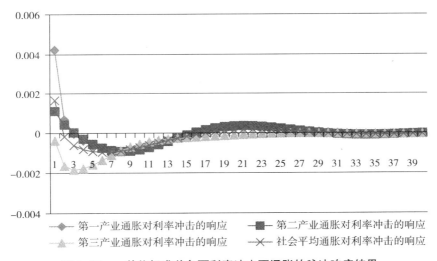

图 5-30　一单位标准差负面利率冲击下通胀的泳冲响应结果

在利率冲击下，三次产业的工资水平和社会平均工资水平都呈现出瞬时上升，并且继续上升一段时间后缓慢下降转为负值，之言缓慢回到稳态水平的响应特征。第一产业工资水平瞬时上升为 0.59%，之后继续上升并于第 3 期达到 0.86% 的最大值，随后缓慢下降并于第 13 期转为负值，在经历一段时期的负向波动后逐渐回到稳态水平；第二产业工资水平瞬时上升为 0.08%，之后继续上升并于第 4 期达到 0.40% 的最大值，随后缓慢下降逐渐回到稳态水平；第三产业工资水平瞬时上升为 0.09%，在第 2 期达到 0.23% 的最大值，随后迅速下降并于第 7 期转为负值，在维持较长时间的工资下跌后逐渐回到稳态水平；社会平均工资水平瞬时上升为 0.25%，在

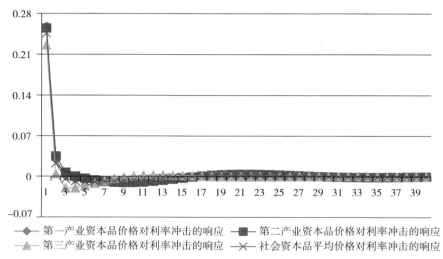

图 5-31　一单位标准差负面利率冲击下资本品价格的脉冲响应结果

第 3 期达到 0.48% 的最大值，之后缓慢下跌并于第 13 期转为负值，经历一段时期的负向波动后逐渐回到稳态水平（见图 5-32）。从整体看，虽然利率下降导致了各产业工资水平的瞬时上涨，但调整一段时间后工资水平又出现了下跌的趋势。在货币政策冲击下，各产业工资水平不同的响应幅度说明劳动力就业能够根据工资水平的波动进行资源配置的调整。

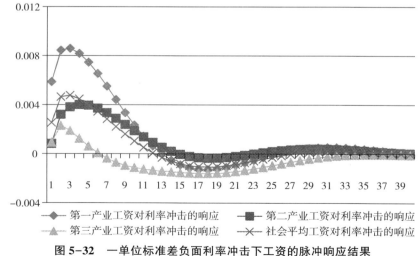

图 5-32　一单位标准差负面利率冲击下工资的脉冲响应结果

第三节　有效劳动供给冲击效应

当前，我国劳动力供给正发生着深刻变化，劳动力供给数量减少，劳动力成本增加，但劳动力供给质量在上升，劳动者更加注重对闲暇的追求，单位劳动者投入劳动时间减少，但劳动效率提升。在此背景下，本书模拟了一单位标准差负向有效劳动供给冲击下各产业主要宏观经济变量的脉冲响应结果。总的来说：①三次产业下的产出与社会总产出水平具有不同的响应路径，尤其是第一、第二产业有着相反的响应路径；②第二、第三产业下的消费、投资和资本与社会总水平有着相似的响应路径，而第一产业消费、投资和资本的反应非常敏感；③第三产业的通胀、资本品价格和利率与社会平均水平有着相似的响应路径，第一、第二产业下这些变量的反应则相差很大，甚至在资本品价格方面表现出相反的特征；④三次产业下的工资水平与社会平均工资水平具有相似的响应路径，区别主要在于响应幅度的不同。具体分析如下：

在一单位负向的有效劳动供给冲击下，社会总产出水平表现出升降交替的波动特征，总产出水平围绕稳态水平上下波动，第一、第三产业产出水平上升，第二产业产出水平先下降后上升。具体来看，第一产业产出水平瞬时上涨为5.73%，于第3期达到7.08%的最大值，之后迅速下降回到稳态水平；第二产业产出水平瞬时下降为-0.83%，于第5期达到-2.80%的最小值，之后缓慢上升并转为正值，维持一段时间的正向波动后回到稳态水平；第三产业产出水平瞬时上涨为1.34%，之后缓慢下降回到稳态水平（见图5-33）。可以看出，劳动力供给下降时，第一产业和第三产业就业水平均有所上升，说明劳动力减少可推动第一、第三产业的结构优化调整，这主要是因为第一、第三产业正在从劳动密集型向技术密集型、资本密集型转变；与此相反，劳动力供给下降时，第二产业产出水平下降，说明我国第二产业仍然存在着优化升级的空间。

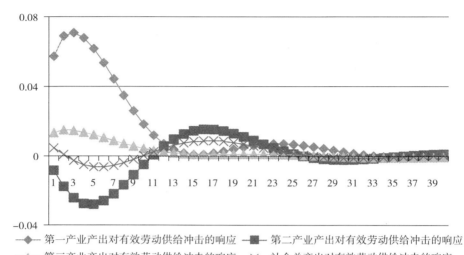

图5-33 一单位标准差负向的有效劳动供给冲击下产出的脉冲响应结果

在负向的有效劳动供给冲击下，三次产业和全社会的消费水平均有所提高，尤其是第一产业，其上升幅度最大，瞬时上升为6.95%，之后迅速下降并逐渐恢复到稳态水平，第二、第三产业和全社会总消费水平上升幅度差异很小，平均达到2.15%，之后缓慢下降恢复至稳态水平（见图5-34）。在负向的有效劳动供给冲击下，第一、第三产业的产出水平均上升，而消费取决于居民的可支配收入，所以第一、第三产业的消费水平上升是毋庸置疑的，但第二产业的产出水平下降，而其消费水平也有所提高，这主要是因为消费品大多是食品和服务业方面，具有一定的惯性和刚性。

在负向的有效劳动供给冲击下，三次产业投资水平响应曲线各具特色。第一产业投资水平瞬时上升为8.77%，第4期达到17.25%的最大值，之后迅速下降于第10期转为负值并继续下降，于第14期达到-7.84%的最小值，随后缓慢上升逐渐回到稳态水平；第二产业投资水平瞬间下降为-2.04%，于第4期达到-4.92%的最小值，之后缓慢上升并于第12期转为

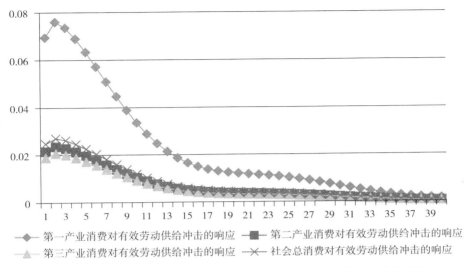

第一产业消费对有效劳动供给冲击的响应　　　第二产业消费对有效劳动供给冲击的响应
第三产业消费对有效劳动供给冲击的响应　　　社会总消费对有效劳动供给冲击的响应

图5-34　一单位标准差负向的有效劳动供给冲击下消费的脉冲响应结果

正值，历经一段时期的正向波动后缓慢恢复稳态水平；第三产业投资水平则围绕稳态水平上下波动，且波幅较小；社会总投资水平出现小幅下降，之后缓慢恢复至稳态水平（见图5-35）。相比较而言，劳动供给减少，第一产业投资水平先增加后减少，且具有显著的较大波幅，说明有效劳动供给冲击对其影响较大，也间接说明了第一产业具备较好的内部要素配置结构，当劳动力供给减少时，投资水平瞬间上升，生产要素能够实现相互替代，但需要注意的是，中长期下投资水平会下降，难以弥补生产要素的短缺；第二产业投资水平先减少后上升，但波幅较小，其在短期内随着劳动力供给的减少而不足，反映了第二产业生产过程中劳动力与投资的互补特征；第三产业投资水平与社会总投资水平响应曲线类似，其投资水平受有效劳动供给冲击的影响很弱。

　　就资本而言，在负向的有效劳动供给冲击下，第一产业具有非常明显的响应特征，其迅速上升并于第8期达到2.97%的最大值，随后迅速下降并逐渐回到稳态水平。第一产业资本的上升也体现了资本与劳动力要素之间的替代效应，说明其具有较好的内部要素配置结构。第二产业资本在受

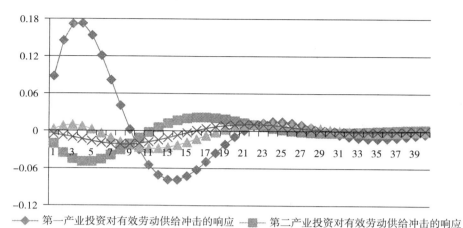

图5-35 一单位标准差负向的有效劳动供给冲击下投资的脉冲响应结果

到负向的有效劳动供给冲击后做出下降的反应，与投资水平响应特征类似，说明第二产业生产过程中劳动力与资本具有互补的特征。第三产业资本水平与全社会总资本水平响应曲线一致，围绕稳态水平微幅波动，说明其对有效劳动供给冲击效果不明显，从总体上看，有效劳动供给冲击可以在保证第三产业和全社会资本水平不受较大影响的前提下，优化调整第一、第二产业的资本要素投入水平（见图5-36）。

有效劳动供给冲击也会对各产业和全社会平均通货膨胀率产生有区别的影响。在负向的有效劳动供给冲击下，第一产业通货膨胀率瞬时上升，但很快转为负值，并于第9期达到最小值，下降为-0.32%，之后缓慢上升逐渐恢复到稳态水平；第二产业通货膨胀率瞬时下降为-1.18%，之后逐渐上升并恢复到稳态水平；第三产业通货膨胀率则与全社会通货膨胀率具有相似的响应路径，平均瞬时下降为-0.61%，之后缓慢上升至稳态水平（见图5-37）。从总体看，在负向的有效劳动供给冲击下，各产业都表现出了不同程度的通货紧缩特征，尤其是第二产业。

在负向的有效劳动供给冲击下，各产业的工资水平和社会平均工资水平都表现出了下降的特征，这有悖于"劳动力减少，工资会上涨"的一般

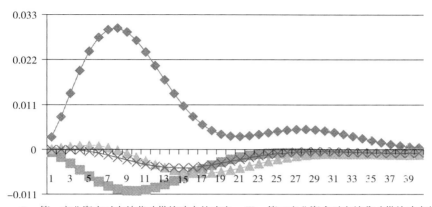

图 5-36　一单位标准差负向的有效劳动供给冲击下资本的脉冲响应结果

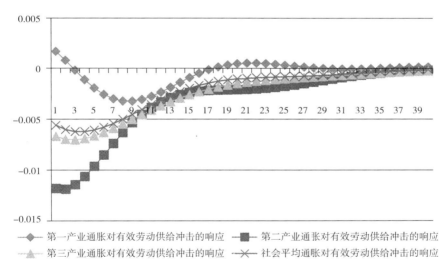

图 5-37　一单位标准差负向的有效劳动供给冲击下通胀的脉冲响应结果

常识，但这也恰好表明了三次产业中劳动力供给已达到饱和的特征，在生产过程中劳动力要素减少，资本、技术能够起到补足的作用，与前文投资、资本的响应特征一致。从脉冲响应结果看，第一产业工资率下降最少，最大幅度为-1.03%；其次是第三产业，最大下降幅度为-3.16%，最后是第二产业，最大下降幅度为-4.11%，社会平均工资水平居中，最大下降幅度为-2.74%（见图5-38）。可以看出，第一产业相对来说具备较好的内部要素配置结构，劳动与资本替代性较好，劳动力供给减少，其工资率下降最少；而第二产业劳动力供给过剩，急需扩大资本和技术的投入。

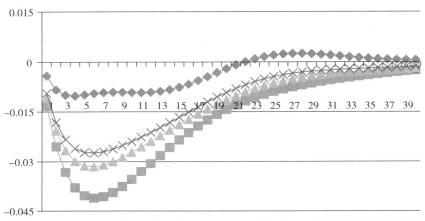

图5-38 一单位标准差负向的有效劳动供给冲击下工资的脉冲响应结果

在负向的有效劳动供给冲击下，第一、第二产业资本品价格表现出完全相反的响应特征，第一产业资本品价格瞬时上升为7.55%，之后迅速下降并于第7期变为负值，于第11期达到-2.14%的最小值，之后缓慢上升恢复至稳态水平；而第二产业资本品价格则瞬时下降为-6.00%，之后迅速上升并于第9期转为正值，于第13期达到1.75%的最大值，随后缓慢下降恢复至稳态水平。第三产业资本品价格与全社会平均资本品价格响应曲线一致，两者都围绕稳态水平微幅波动（见图5-39）。由前文资本的响应曲线已知，第一产业资本水平上升，第二产业资本水平下降，这里资本品价格表现出相似的响应特征，这也侧面反映了第一产业生产过程中由于资本上升导致其价格上涨，第二产业生产过程中由于资本减少而导致其价格下跌，价格水平的变化恰好说明了第一产业具有较好的内部要素配置结构，劳动与资本相互替代，而第二产业生产过程中劳动力与资本具有互补的特征。有效劳动供给冲击可以在保证社会总资本品价格和第三产业资本品价格微幅波动的前提下，优化调整第一、第二产业生产过程中对资本品的耗用。

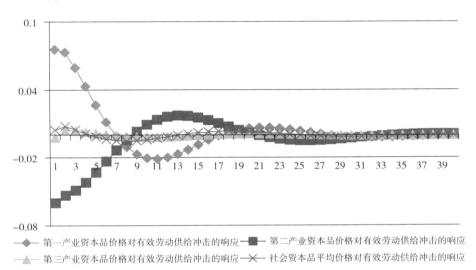

图 5-39 一单位标准差负向的有效劳动供给冲击下资本品价格的脉冲响应结果

在负向的有效劳动供给冲击下，第一、第二产业的利率水平也表现出相反的响应特征，其中，第一产业利率水平瞬时上升为 9.13%，于第 2 期达到 10.14% 的最大值，之后迅速下降并于第 9 期转为负值，于第 12 期达到 -3.71% 的最小值，随后缓慢上涨逐渐恢复至稳态水平；第二产业利率水平则瞬时下降为 -2.72%，于第 5 期达到 -7.87% 的最小值，随后缓慢上涨并于第 13 期变为正值，于第 17 期达到 1.58% 的最大值，之后缓慢恢复至稳态水平；第三产业利率水平与社会平均利率水平表现为相似的响应路径，围绕稳态水平微幅波动（见图 5-40）。尽管各产业利率水平与资本品价格的响应曲线有所不同，但各产业都表现出了相同的结构特征。

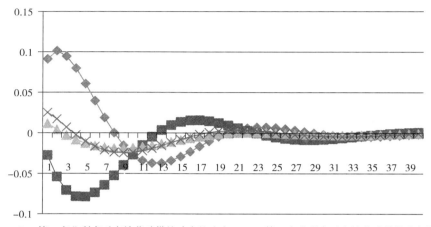

图 5-40　一单位标准差负向的有效劳动供给冲击下利率的脉冲响应结果

第四节　产品价格冲击效应

在我国市场化经济发展进程中，仍然经常采取多种措施进行价格管制。实时价格管制虽然能够控制物价上涨的速度，但是却在一定程度上扭曲了供求关系确定价格的市场机制，进而影响商品供应者的生产积极性，加剧市场供求关系的失衡。这里我们分析产品价格上涨一单位标准差给经济体带来的冲击影响。总的来说，三次产业下的产出、消费、投资、就业、资本、资本品价格、利率和工资水平都表现出与社会总水平（或平均水平）相似的响应路径，不同之处仅在于响应幅度的区别。具体分析如下：

在价格冲击下，三次产业产出水平和全社会总产出水平均表现出断崖式的下降特征，之后迅速上升，并在较长一段时期内微幅高于稳态水平（见图 5-41），这说明我国产业水平上存在供需不平衡的问题。当价格上涨时，厂商产品利润增大，一般来说会扩大生产，然而从图 5-41 来看，三次产业对应产出水平不但没有上涨反而瞬时大幅下降，这说明产业层面上存在供大于求的不平衡问题，尤其是第一产业产出情况。这种供求不平衡持续的时间大约为一年期，待市场内化这种不平衡后，厂商会微幅扩大生产，以赚取更多的利润。

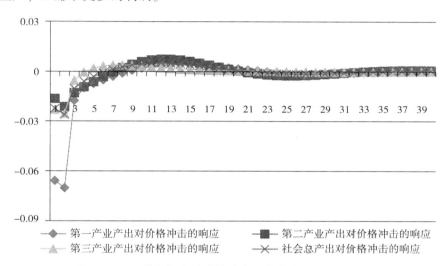

图 5-41 一单位标准差价格冲击下产出的脉冲响应结果

受供求不平衡的影响，在价格上涨时，各产业的消费水平也表现出了为期一年左右的下降趋势，但之后缓慢上升回到稳态水平，但在整个恢复过程中始终低于稳态水平。第一产业消费水平下降幅度最大，瞬时下降为-8.71%，于第 2 期达到-8.88%的最小值，之后迅速上升并逐渐回到稳态水平；第二、第三产业消费水平和全社会消费水平波幅相似，平均瞬时下降为-0.27%，并同时于第 2 期达到最小值，之后迅速上升并逐渐回到稳态水平（见图 5-42）。各产业的消费水平也表明了产业层面的供求不平衡。

受产业层面上的供求不平衡影响，在价格冲击下，各产业产出水平先下降后上升，投资水平也表现出相似的响应特征。第一产业投资水平瞬时下降为-6.44%，于第 2 期达到-8.77%的最小值，之后迅速上升并于第 7

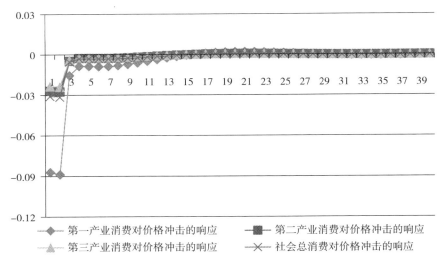

图5-42　一单位标准差价格冲击下消费的脉冲响应结果

期变为正值，经历较长时期的正向波动后逐渐回到稳态水平；第二产业投资水平波幅较小，瞬时下降为-1.41%，于第2期达到-2.11%的最小值，之后缓慢上升于第8期变为正值，在历经一段时期的正向波动后回到稳态水平，最大波幅为1.06%；第三产业投资水平具有最大波幅，瞬时下降为-8.02%，第2期达到-10.49%的最小值，之后迅速上升并于第5期变为正值，同样在历经一段时期的正向波动后回到稳态水平，其中最大波幅为3.80%；社会总投资水平波幅居中，但同样表现出了先下降后上升的波动特征（见图5-43）。从图5-43中可以看出，这种产业层面上的供求不平衡也大约维持了一年。

各产业的劳动力就业水平也表现出了产出层面上的供求不平衡。在价格冲击下，三次产业的劳动力就业水平和全社会总就业水平同样表现出了大约为期一年的断崖式下降，失业增加，待市场内化掉这种不平衡后，各产业又都表现出一定程度的扩大就业，并且这种扩张形势维持了较长的时间（见图5-44）。

由于供求不平衡，当价格上涨时，产出在为期一年的时间内先缩小生产，之后再扩大生产，在生产过程中，资本的投入也表现出了相似的特

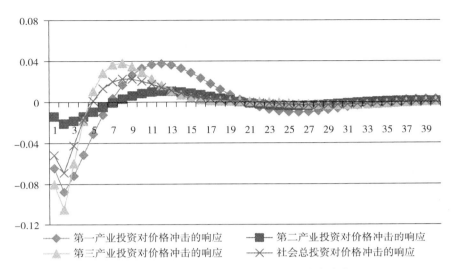

图 5-43　一单位标准差价格冲击下投资的脉冲响应结果

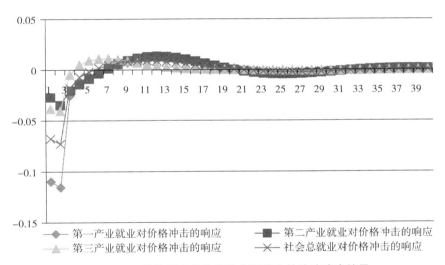

图 5-44　一单位标准差价格冲击下就业的脉冲响应结果

征，但是这种缩小生产的周期更长，大约维持三年，待市场消化掉这种不平衡后，资本投入增加，但增加的程度并不大，生产扩大。具体看，第二产业的资本下降幅度最小，说明第二产业生产过程中资本投入具有更大的优化配置空间；第一、第三产业的资本下降幅度较大，说明第一、第三产业中资本要素的投入占有较大比例（见图5-45）。

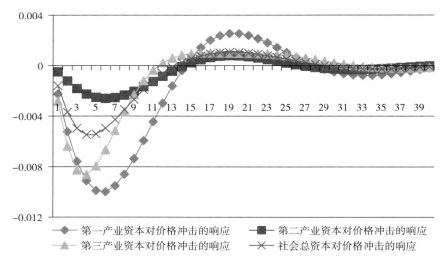

图5-45　一单位标准差价格冲击下资本的脉冲响应结果

同样受到产业层面上供求不平衡的影响，市场中的价格变量也表现出异于常态的特征。各产业的资本品价格和全社会的平均资本品价格在价格冲击下瞬时下降，并于第2期达到最小值，之后迅速上升回到稳态水平以上，尽管波幅较小，但也维持了较长时间的价格上涨态势（见图5-46）。各产业的利率水平和全社会的平均利率水平也表现出了相似的特征，在瞬时下降后，迅速作出调整，上升到稳态水平以上，经过一段时期后回到稳态水平（见图5-47）。各产业的工资水平和全社会的平均工资水平也具有相似的特征，在价格冲击下，工资水平瞬时下降，之后迅速作出调整恢复至稳态水平（见图5-48）。市场中价格变量的变化也反映了产业层面上的供求不平衡特征，而且这种不平衡在大约一年的时间内被市场内化掉。

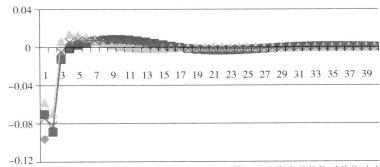

第一产业资本品价格对价格冲击的响应　　■ 第二产业资本品价格对价格冲击的响应
第三产业资本品价格对价格冲击的响应　　✕ 社会资本品平均价格对价格冲击的响应

图 5-46　一单位标准差价格冲击下资本品价格的脉冲响应结果

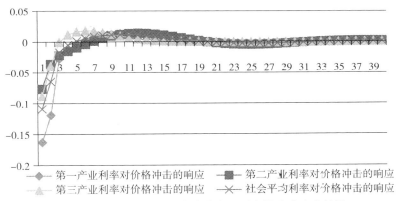

第一产业利率对价格冲击的响应　　■ 第二产业利率对价格冲击的响应
第三产业利率对价格冲击的响应　　✕ 社会平均利率对价格冲击的响应

图 5-47　一单位标准差价格冲击下利率的脉冲响应结果

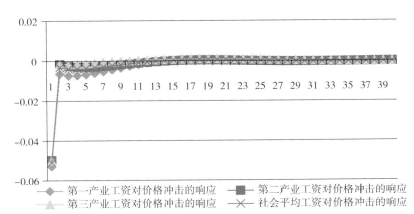

第一产业工资对价格冲击的响应　　■ 第二产业工资对价格冲击的响应
第三产业工资对价格冲击的响应　　✕ 社会平均工资对价格冲击的响应

图 5-48　一单位标准差价格冲击下工资的脉冲响应结果

第五节　冲击波动的方差分解

方差分解（Variance Decomposition）是将 t 时期受到多种冲击后相关变量偏离稳态的方差，根据不同冲击来源进行分解，得到因不同冲击产生的相应偏离方差，对所有冲击综合作用下产生总偏离方差的贡献份额（肖尧、牛永青，2014）。经济系统周期性波动的原因可以通过方差分解技术实现。参考 SW（2003），本书将经济长短期定义为 1 年的短期、2~5 年的中期以及 25 年的长期。按照技术冲击来源不同，对不同时期下各产业主要宏观经济变量的波动方差进行分解，结果如表 5-1 所示。

表 5-1　第一产业主要宏观经济变量方差分解结果

冲击类型	技术冲击	政府支出冲击	利率冲击	税收冲击	家庭偏好冲击	有效劳动供给冲击	投资调整成本冲击	工资冲击	价格冲击	股权溢价冲击
产出										
即期	6.28	0.97	52.81	1.98	24.57	5.04	0.35	0.00	6.67	1.33
短期	15.79	0.63	27.59	2.04	28.88	13.73	1.82	0.00	7.51	2.00
中期	19.52	0.55	22.02	1.82	26.34	17.67	4.12	0.00	6.04	1.92
长期	19.45	0.53	21.35	2.52	25.74	17.40	5.04	0.00	5.91	2.05
消费										
即期	5.80	0.13	56.30	2.13	25.23	4.02	0.03	0.00	6.31	0.05
短期	13.94	0.19	33.04	5.10	29.69	9.86	0.34	0.00	7.49	0.36
中期	17.20	0.17	25.46	8.95	26.02	12.75	2.70	0.00	5.85	0.91
长期	18.31	0.15	23.17	11.79	23.78	13.07	3.48	0.00	5.34	0.92
投资										
即期	5.90	0.04	14.16	0.47	10.03	9.94	9.42	0.00	5.36	44.67

续表

冲击类型	技术冲击	政府支出冲击	利率冲击	税收冲击	家庭偏好冲击	有效劳动供给冲击	投资调整成本冲击	工资冲击	价格冲击	股权溢价冲击
投资										
短期	13.84	0.07	6.85	0.48	15.09	21.56	17.90	0.00	4.81	19.40
中期	15.46	0.08	5.58	0.69	14.28	23.56	20.81	0.00	3.97	15.57
长期	13.27	0.09	5.11	0.88	14.44	20.99	27.18	0.00	3.76	14.27
通胀										
即期	1.27	0.08	0.75	0.19	6.27	0.12	0.29	0.00	91.02	0.02
短期	3.66	0.14	0.68	0.27	13.78	0.18	0.72	0.00	80.53	0.05
中期	7.79	0.15	0.75	0.35	14.71	1.80	0.90	0.00	73.07	0.50
长期	9.27	0.14	0.76	0.53	14.64	2.40	1.83	0.00	69.79	0.63
就业										
即期	0.16	1.03	56.26	2.11	26.18	5.37	0.37	0.00	7.11	1.42
短期	2.12	0.76	33.20	2.41	33.66	15.36	1.74	0.00	8.86	1.90
中期	2.45	0.72	29.52	2.43	32.78	19.23	3.12	0.00	7.91	1.86
长期	3.09	0.69	28.29	3.09	31.89	18.56	4.59	0.00	7.67	2.13

资料来源：笔者编制。

由表5-1可以看出，产出、消费和就业的波动主要由利率冲击和家庭偏好冲击来解释，除此之外，投资还受到股权溢价冲击的较大影响，通胀的波动则主要由价格冲击来解释。具体来看，在即期，产出52.81%的波动由利率冲击解释，24.57%的波动由家庭偏好冲击解释，随着时间的延长，技术冲击和有效劳动供给冲击的解释力度逐渐加强，利率冲击的解释力度减弱（但其仍是产出波动的一个主要原因），而家庭偏好冲击的解释力度几乎不变。在短期，产出的波动中15.79%由技术冲击来解释，27.59%由利率冲击来解释，28.88%由家庭偏好冲击来解释，13.73%由有效劳动供给冲击来解释。产出在中长期下的波动缘由与短期条件下类似。

对于消费而言，即期下，其波动的 56.30% 由利率冲击来解释，25.23% 由家庭偏好冲击来解释；在短期，利率冲击的解释力度下降为 33.04%，而技术冲击的解释力度上升为 13.94%；在中期，有效劳动供给冲击的作用日渐显示，其贡献份额占 12.75%；在长期，税收冲击也成为消费波动的一个主要原因。对于投资而言，即期下，其波动中的 44.67% 由股权溢价冲击来解释，利率冲击解释份额为 14.16%，家庭偏好冲击为 10.03%。随着时期的延长，技术冲击、有效劳动供给冲击和投资调整成本冲击的作用逐渐加强，股权溢价冲击的作用减弱。对于通货膨胀率而言，其波动主要由价格冲击来解释，但随着时期的延长，技术冲击和家庭偏好冲击的解释力度也逐渐加强。对于就业而言，即期下，其波动中的 56.16% 由利率冲击来解释，26.18% 由家庭偏好冲击来解释，随着时期的延长，利率冲击的作用减弱（但其仍是产出波动的一个主要原因），有效劳动供给冲击的贡献份额逐渐加强。

由表 5-2 可以看出，产出和投资的波动主要由投资调整成本冲击来解释，消费的波动主要由利率冲击和家庭偏好冲击来解释，通胀仍主要由价格冲击来解释，就业则主要由技术冲击和投资调整成本冲击来解释。具体来看，在即期，产出波动中的 38.76% 由投资调整成本冲击来解释，27.67% 由利率冲击解释，20.07% 由股权溢价冲击解释；在短期，投资调整成本冲击的解释力度增强，其贡献份额占 64.68%，股权溢价冲击贡献份额占 11.35%，利率冲击的解释力度变得很小；在中长期，产出波动仍然主要由投资调整成本冲击来解释，有效劳动供给冲击作用加强，股权溢价冲击和利率冲击的作用变得很小。对于消费而言，在即期，其波动主要由利率冲击和家庭偏好冲击来解释，随着时期的延长，利率冲击的解释力度下降，但其仍是消费波动的一个主要原因，而技术冲击、有效劳动供给冲击和税收冲击的作用逐渐加强。对于投资而言，投资调整成本冲击始终是其波动的主要原因，但随着时期的延长，有效劳动供给冲击作用日渐突出，此外，股权溢价冲击也是投资波动的一个原因，但主要在短期发挥作用。对于通胀而言，除价格冲击外，技术冲击和有效劳动供给冲击的作用也很明显。对于就业而言，技术冲击和投资调整成本冲击是其波动的主要原因，在即期，利率冲击和股权溢价冲击也发挥着一定的作用，但随着时期的延长，这两类冲击的作用逐渐减弱。

表 5-2　第二产业主要宏观经济变量方差分解结果

冲击类型	技术冲击	政府支出冲击	利率冲击	税收冲击	家庭偏好冲击	有效劳动供给冲击	投资调整成本冲击	工资冲击	价格冲击	股权溢价冲击
产出
即期	0.02	2.36	27.67	1.29	3.50	1.32	38.76	0.00	5.02	20.07
短期	0.39	0.69	8.70	1.02	1.54	7.51	64.68	0.00	4.12	11.35
中期	0.64	0.54	6.96	0.97	1.56	13.11	63.14	0.00	3.39	9.70
长期	1.83	0.34	5.45	2.83	1.10	11.65	65.43	0.00	2.31	8.54
消费
即期	5.80	0.13	56.30	2.13	25.23	4.02	0.03	0.00	6.31	0.05
短期	13.94	0.19	33.04	5.10	29.69	9.86	0.34	0.00	7.49	0.36
中期	17.20	0.17	25.46	8.95	26.02	12.75	2.70	0.00	5.85	0.91
长期	18.31	0.15	23.17	11.79	23.78	13.07	3.48	0.00	5.34	0.92
投资
即期	1.52	0.00	8.77	0.51	0.00	5.10	54.12	0.00	2.44	27.54
短期	2.14	0.01	4.31	1.47	0.00	12.19	66.26	0.00	2.38	11.25
中期	2.16	0.01	3.50	3.12	0.14	18.90	61.05	0.00	1.99	9.12
长期	2.56	0.01	3.24	2.21	0.18	15.41	66.06	0.00	1.94	8.40
通胀
即期	6.27	0.01	0.05	0.28	0.36	5.13	0.07	0.00	87.80	0.03
短期	13.60	0.01	0.04	0.80	1.11	15.17	0.21	0.00	69.03	0.05
中期	14.95	0.01	0.13	1.07	1.81	20.10	3.92	0.00	57.64	0.36
长期	14.78	0.01	0.17	1.39	2.06	21.25	5.54	0.00	54.34	0.46
就业
即期	36.68	1.49	17.52	0.82	2.22	0.84	24.55	0.00	3.18	12.71
短期	32.03	0.50	6.11	0.70	1.11	5.04	43.91	0.00	2.87	7.74

续表

冲击类型	技术冲击	政府支出冲击	利率冲击	税收冲击	家庭偏好冲击	有效劳动供给冲击	投资调整成本冲击	工资冲击	价格冲击	股权溢价冲击
就业										
中期	33.80	0.38	4.91	0.68	1.09	7.74	42.37	0.00	2.35	6.69
长期	24.08	0.27	4.22	2.81	0.85	8.95	50.11	0.00	2.16	6.55

资料来源：笔者编制。

由表 5-3 可以看出，产出的波动主要由利率冲击和税收冲击来解释，消费的波动主要由利率冲击和家庭偏好冲击来解释，投资的波动主要由税收冲击和股权溢价冲击来解释，通胀的波动主要由价格冲击来解释，就业的波动则主要由技术冲击和利率冲击来解释。具体来看，在即期，产出波动中的 49.82% 由利率冲击来解释，家庭偏好冲击解释份额为 15.13%，政府支出冲击为 14.05%，随着时期的延长，利率冲击的解释力度下降，税收冲击的作用明显加强；在短期，利率冲击的解释力度下降为 30.47%，家庭偏好冲击为 17.39%，政府支出冲击为 12.54%，税收冲击为 11.17%；在长期，利率冲击下降为 15.18%，而税收冲击贡献份额上升为 51.87%，政府支出冲击和家庭偏好冲击的解释力度变得很小。就消费而言，在即期，其波动的 56.30% 由利率冲击来解释，25.23% 由家庭偏好冲击来解释，随着时期的延长，技术冲击和有效劳动供给冲击的作用逐渐加强，利率冲击的作用减弱；在中期，消费波动中的 26.02% 由家庭偏好冲击来解释，25.46% 由利率冲击来解释，17.20% 由技术冲击来解释，12.75% 由有效劳动供给冲击来解释；在长期，税收冲击也成为消费波动的一个主要原因。就投资而言，股权溢价冲击虽然始终是投资波动的一个重要原因，但其解释力度逐渐下降，而税收冲击的作用则日渐加强；在长期，投资波动中的 38.10% 由股权溢价冲击来解释，33.65% 由税收冲击来解释，11.00% 由利率冲击来解释。就通胀而言，价格冲击始终是通胀波动的一个重要原因，但其解释力度逐渐下降，而技术冲击的作用日渐加强，在长期，通胀波动中的 56.77% 由价格冲击来解释，23.65% 由技术冲击来解释。对于就业而言，在即期，利率冲击是其波动的主要原因，贡献分额占 41.59%，技术冲击、家庭偏好冲击和政府支出冲击的作用也比较明显，随着时期的延长，利率冲击、政府支出冲击和家庭偏好冲击的作用减弱，税收冲击的作用加强；在长期，就业波动中的 27.04% 由技术冲击来解释，23.04% 由税收冲击来解释，17.16% 由技术冲击来解释。

表 5-3　第三产业主要宏观经济变量方差分解结果

冲击类型	技术冲击	政府支出冲击	利率冲击	税收冲击	家庭偏好冲击	有效劳动供给冲击	投资调整成本冲击	工资冲击	价格冲击	股权溢价冲击
产出										
即期	2.01	14.05	49.82	0.16	15.13	2.29	0.16	0.00	6.69	9.69
短期	4.46	12.54	30.47	11.17	17.39	6.09	0.37	0.00	9.10	8.41
中期	3.94	8.20	19.50	39.44	11.21	5.64	0.70	0.00	5.74	5.62
长期	3.23	6.33	15.18	51.87	8.86	4.49	1.09	0.00	4.50	4.44
消费										
即期	5.80	0.13	56.30	2.13	25.23	4.02	0.03	0.00	6.31	0.05
短期	13.94	0.19	33.04	5.10	29.69	9.86	0.34	0.00	7.49	0.36
中期	17.20	0.17	25.46	8.95	26.02	12.75	2.70	0.00	5.85	0.91
长期	18.31	0.15	23.17	11.79	23.78	13.07	3.48	0.00	5.34	0.92
投资										
即期	1.12	0.26	18.33	3.81	0.22	0.00	0.60	0.00	4.30	71.36
短期	2.89	0.79	12.99	25.47	0.30	0.07	1.79	0.00	6.80	48.88
中期	2.82	0.69	11.80	34.30	0.25	0.42	3.15	0.00	6.03	40.56
长期	2.67	0.80	11.00	33.65	0.31	1.26	6.46	0.00	5.75	38.10
通胀										
即期	6.80	0.12	0.01	0.53	0.68	1.63	0.00	0.00	90.14	0.10
短期	16.53	0.19	0.28	1.86	1.69	5.64	0.00	0.00	73.22	0.59
中期	21.73	0.17	0.41	2.99	2.25	9.63	0.05	0.00	61.87	0.89
长期	23.65	0.17	0.39	4.75	2.35	10.86	0.22	0.00	56.77	0.84

冲击类型	技术冲击	政府支出冲击	利率冲击	税收冲击	家庭偏好冲击	有效劳动供给冲击	投资调整成本冲击	工资冲击	价格冲击	股权溢价冲击
就业										
即期	18.20	11.73	41.59	0.13	12.63	1.91	0.13	0.00	5.58	8.09
短期	27.83	9.76	24.76	6.45	13.62	4.80	0.20	0.00	6.86	5.72
中期	27.59	7.13	19.28	18.73	10.03	5.09	0.19	0.00	5.54	6.41
长期	27.04	6.32	17.16	23.04	9.06	5.06	1.50	0.00	4.99	5.83

资料来源：笔者编制。

由表5-4可以看出，产出的波动主要由利率冲击和投资调整成本冲击来解释，消费的波动主要由利率冲击和家庭偏好冲击来解释，投资的波动主要由股权溢价冲击和税收冲击来解释，通胀的波动主要由价格冲击来解释，就业的波动主要由利率冲击和家庭偏好冲击来解释。具体来看，在即期，产出波动主要由利率冲击来解释，股权溢价冲击、家庭偏好冲击和投资调整成本冲击也发挥一定的作用，随着时期的延长，利率冲击的作用逐渐减弱，投资调整成本冲击的作用逐渐加强，在长期下，其波动的40.89%主要由投资调整成本冲击来解释，14.64%由利率冲击来解释，此外，税收冲击也是其长期条件下波动的一个主要原因。对于消费而言，在即期，利率冲击解释了其波动的56.30%，家庭偏好冲击解释了25.23%，随着时期的延长，利率冲击的作用逐渐减弱，技术冲击、税收冲击和有效劳动供给冲击的作用逐渐加强；在长期，其波动中的23.78%由家庭偏好冲击来解释，23.17%由利率冲击来解释，18.31%由技术冲击来解释，13.07%由有效劳动供给冲击来解释，11.79%由税收冲击来解释。对于投资而言，即期下，股权溢价冲击解释了其波动的69.54%，利率冲击解释了18.35%，随着时期的延长，股权溢价冲击和利率冲击的作用逐渐减弱，但其仍是投资波动的主要原因，此外，税收冲击和投资调整成本冲击的作用逐渐加强；在长期，投资波动中的37.77%由股权溢价冲击来解释，20.45%由税收冲击来解释，18.98%由投资调整成本冲击来解释，10.99%

由利率冲击来解释。对于通胀而言，即期下，价格冲击解释了其92.28%的波动，在长期下技术冲击和有效劳动供给冲击也是其波动的重要原因，其波动中的16.70%由技术冲击来解释，10.07%由有效劳动供给冲击来解释。对于就业而言，即期下，利率冲击解释了其波动的55.35%，家庭偏好冲击解释了22.15%，在短期，价格冲击也是其波动的一个主要原因；在中长期，有效劳动供给冲击和投资调整成本冲击也发挥了一定作用。

表5-4　经济体总量宏观经济变量方差分解结果

冲击类型	技术冲击	政府支出冲击	利率冲击	税收冲击	家庭偏好冲击	有效劳动供给冲击	投资调整成本冲击	工资冲击	价格冲击	股权溢价冲击
产出										
即期	1.10	6.12	48.08	1.00	12.52	0.31	10.46	0.00	7.14	13.27
短期	1.48	4.03	24.33	0.88	11.92	0.37	35.39	0.00	8.86	12.74
中期	2.26	3.48	20.06	6.34	10.88	0.98	37.46	0.00	7.35	11.19
长期	2.85	2.39	14.64	13.59	7.67	2.92	40.89	0.00	5.60	9.43
消费										
即期	5.80	0.13	56.30	2.13	25.23	4.02	0.03	0.00	6.31	0.05
短期	13.94	0.19	33.04	5.10	29.69	9.86	0.34	0.00	7.49	0.36
中期	17.20	0.17	25.46	8.95	26.02	12.75	2.70	0.00	5.85	0.91
长期	18.31	0.15	23.17	11.79	23.78	13.07	3.48	0.00	5.34	0.92
投资										
即期	1.11	0.19	18.35	2.46	0.24	0.05	3.63	0.00	4.44	69.54
短期	2.84	0.56	13.28	15.66	0.38	0.27	11.79	0.00	7.22	48.01
中期	2.91	0.52	12.19	21.94	0.32	1.53	12.55	0.00	6.51	41.53
长期	2.70	0.57	10.99	20.45	0.38	2.07	18.98	0.00	6.09	37.77
通胀										
即期	4.54	0.05	0.11	0.01	1.70	1.23	0.08	0.00	92.28	0.00
短期	11.44	0.09	0.13	0.01	4.08	4.89	0.11	0.00	79.13	0.12
中期	15.48	0.09	0.25	0.10	4.82	8.99	0.91	0.00	68.86	0.50

续表

冲击 类型	技术 冲击	政府支出 冲击	利率 冲击	税收 冲击	家庭偏好 冲击	有效劳动 供给冲击	投资调整 成本冲击	工资 冲击	价格 冲击	股权 溢价冲击
通胀										
长期	16.70	0.09	0.26	0.29	4.99	10.07	1.72	0.00	65.32	0.56
就业										
即期	2.10	2.63	55.35	1.62	22.15	3.45	1.53	0.00	7.30	3.88
短期	2.02	2.18	35.09	1.40	29.51	8.88	6.58	0.00	10.03	4.31
中期	3.17	2.05	31.44	2.70	28.64	10.48	8.18	0.00	9.05	4.29
长期	4.28	1.80	28.00	5.11	25.65	9.79	12.55	0.00	8.23	4.59

资料来源：笔者编制。

下面本书将对不同产业类型下各宏观经济变量与经济总体变量之间进行横向比较，这里主要依据理论方差分解来剖析。

由表 5-5 可以看出，不同产业类型下相同经济变量的方差分解结果不尽相同，横向来比较这些结果有助于分析产业内部结构问题。对于产出而言，社会总产出的波动主要由投资调整成本冲击来解释，其贡献份额占 40.89%，其次是利率冲击和税收冲击，其贡献份额分别为 14.64% 和 13.59%。第一产业产出水平的波动则主要由利率冲击、家庭偏好冲击、技术冲击和有效劳动供给冲击来解释，并且这些方面的解释力度旗鼓相当；第二产业产出水平的波动则主要由投资调整成本冲击来解释，其贡献份额占 65.43%；第三产业产出水平的波动则主要由税收冲击来解释，其贡献份额占 51.87%。从整体上来说，社会总产出的变化主要是由第二产业产出水平的变化引起的，并且主要受投资方面的调整成本影响，这恰好表明我国第二产业应加大资本、技术方面的投资，促进内部结构优化升级。此外，第一产业产出水平的变化反映了居民家庭消费偏好的重要性，第三产业产出水平的变化反映了税收结构优化的重要影响。

表 5-5　不同产业类型下宏观经济变量的理论方差分解比较

冲击类型	技术冲击	政府支出冲击	利率冲击	税收冲击	家庭偏好冲击	有效劳动供给冲击	投资调整戍本冲击	工资冲击	价格冲击	股权溢价冲击
产出										
总产出	2.85	2.39	14.64	13.59	7.67	2.92	40.89	0.00	5.60	9.43
第一产业	19.45	0.53	21.35	2.52	25.74	17.40	5.04	0.00	5.91	2.05
第二产业	1.83	0.34	5.45	2.83	1.10	11.65	65.43	0.00	2.81	8.54
第三产业	3.23	6.33	15.18	51.87	8.86	4.49	1.09	0.00	4.50	4.44
消费										
总消费	18.31	0.15	23.17	11.79	23.78	13.07	3.48	0.00	5.34	0.92
第一产业	18.31	0.15	23.17	11.79	23.78	13.07	3.48	0.00	5.34	0.92
第二产业	18.31	0.15	23.17	11.79	23.78	13.07	3.48	0.00	5.34	0.92
第三产业	18.31	0.15	23.17	11.79	23.78	13.07	3.48	0.00	5.34	0.92
投资										
总投资	2.70	0.57	10.99	20.45	0.38	2.07	18.98	0.00	6.09	37.77
第一产业	13.27	0.09	5.11	0.88	14.44	20.99	27.18	0.00	3.76	14.27
第二产业	2.56	0.01	3.24	2.21	0.18	15.41	66.06	0.00	1.94	8.40
第三产业	2.67	0.80	11.00	33.65	0.31	1.26	6.46	0.00	5.75	38.10
通胀										
平均通胀	16.70	0.09	0.26	0.29	4.99	10.07	1.72	0.00	65.32	0.56
第一产业	9.27	0.14	0.76	0.53	14.64	2.40	1.83	0.00	69.79	0.63
第二产业	14.78	0.01	0.17	1.39	2.06	21.25	5.54	0.00	54.34	0.46
第三产业	23.65	0.17	0.39	4.75	2.35	10.86	0.22	0.00	56.77	0.84
就业										
总就业	4.28	1.80	28.00	5.11	25.65	9.79	12.55	0.00	8.23	4.59
第一产业	3.09	0.69	28.29	3.09	31.89	18.56	4.59	0.00	7.67	2.13
第二产业	24.08	0.27	4.22	2.81	0.85	8.95	50.11	0.00	2.16	6.55
第三产业	27.04	6.32	17.16	23.04	9.06	5.06	1.50	0.00	4.99	5.83

资料来源：笔者编制。

　　对于消费而言，我们发现社会总消费和各产业的消费水平具有相同的方差分解结果，其波动主要由家庭偏好冲击、利率冲击、技术冲击等来解释。出现这种结果有两种可能：一种是消费具有通性，不同产业类型下的居民消费喜好相同，涉及的消费类型也相似；另一种可能就是本书模型设定上存在缺陷，为了简化，本书在设定模型的时候将不同产业类型下的消费水平置于相同的预期效用框架中，并且在预算约束中也等同对待，没有根据产业类型的不同对其进一步进行差异性区别，比如第一产业消费基本属于李嘉图式消费者，不参与金融债券市场等，这将是本书未来的改进内容。

对于投资而言，社会总投资的波动主要由股权溢价冲击、税收冲击、投资调整成本冲击来解释，其中股权溢价和税收方面的波动主要来自第三产业的影响，投资调整成本方面的波动主要来自第一产业和第二产业的影响。具体来看，第一产业投资水平的波动主要由投资调整成本冲击和有效劳动供给冲击来解释，其贡献份额分别为27.18%和20.99%，说明第一产业的劳动力和资本要素具有较好的内部结构，起到了互补的作用；第二产业投资水平波动中的66.06%由投资调整成本冲击来解释，说明第二产业中投资仍是发展的重要内容，应加大第二产业内部的资本、技术投资等，实现产业的进一步优化升级；第三产业投资水平的波动主要由股权溢价冲击和税收冲击来解释，其贡献份额分别为38.10%和33.65%，说明第三产业发展的重要拉动力是金融业，此外，税收结构的优化有助于第三产业的发展。

对于通胀而言，社会平均通货膨胀率和各产业层面通货膨胀率的波动均主要是由价格冲击引起的，此外，技术冲击和有效劳动供给冲击也起到了一定的作用，这主要是通过第二产业和第三产业渠道实现的。需要注意的一点是，第一产业中通胀的波动有14.64%是由家庭偏好冲击引起的，说明第一产业的价格涨跌与其居民消费偏好有关。除价格冲击外，本书还在模型中设定了另一种加成冲击——工资加成冲击，但我们发现工资加成冲击在模型中并不发挥作用，这也将作为本书未来探索的一个研究点。

对于就业而言，社会总就业水平的波动主要由利率冲击、家庭偏好冲击和投资调整成本冲击来解释，其中有效劳动供给冲击主要是通过第二产业实现的，家庭偏好冲击和利率冲击主要是通过第一产业实现的，此外，利率冲击也对第三产业产生影响。需要注意的是，第一产业就业水平的波动也受到劳动供给冲击的作用影响，而第二、第三产业的就业波动也受到技术冲击的影响，第三产业就业波动还受到税收冲击的影响，这再次说明了优化税收结构有助于第三产业的发展，促进资本、技术的投资有助于第二产业的结构优化和升级，而优化劳动供给结构有助于促进第一产业的就业水平。

结论与展望

本书基于产业化改进的 DSGE 模型，有效地将市场机制、微观主体、宏观调控和产业结构纳入一般均衡逻辑框架下，提出了量化宏观经济动态产业效应的理论方法，并基于经验数据给出了宏观经济动态产业效应的实证测度。

第一节 基本结论

类似于王佳（2011，2013）、张伟等（2014），本书在模拟测度宏观经济动态产业效应时，也发现了各产业对部分基本面和政策变化存在一定的共动性响应。其中：①在技术冲击下，各产业的通胀水平具有共动性；②在政府支出冲击下，产出、就业、通胀和利率水平的波动具有共动性；③在税收冲击下，产出、就业和利率水平的波动具有共动性；④在利率冲击下，产出、消费、就业、通胀和资本品价格也都表现出共动性；⑤在有效劳动供给冲击下，工资水平具有共动性；⑥在价格冲击下，所有经济变量都表现出了产业之间的共动性。但是，在部分基本面和政策变化下，各产业间存在较大的差异性响应，其对产业结构调整提供了重要依据。具体表现如下：

第一，我国第一产业生产过程中技术化明显，农业正在由传统的劳动密集型向技术密集型转变，并且生产过程中技术与劳动力供给之间具有一定的互补性，负面技术冲击伴随着一定的失业现象；第二、第三产业中技术与劳动力供给之间则具有一定的替代性，说明第二、第三产业的生产要素结构还有优化的空间。

第二，政府可以通过支出手段的安排，影响企业资金等资源的供给和需求，从而影响各类经济主体的行为与决策。政府支出对居民消费水平具有一定的挤出效应，尤其是从事第一产业的居民消费水平，不同支出项目对企业投资行为和生产决策的影响存在显著差异，政府对第三产业的投资扶持程度最大，而对第二产业的投资相对稳定，第二产业对于政府支出冲击具有较强的内化机制。此外，第三产业具有较强吸纳就业的动力，劳动力要素资源配置效率高于第一、第二产业。

第三，税收政策可以通过影响投资水平而对产出结构作出调整，但具有一定的滞后性。减税在一定程度上可以促进就业，并且不同产业之间的劳动力要素流动程度不同，在一定程度上，税收政策可以调整产业之间的就业结构。此外，税收政策还可以调整不同产业的工资水平。在货币政策利率冲击下，各产业主要经济变量的响应路径相似，利率政策对产业结构调整的作用微弱。

第四，第一、第三产业正在从劳动密集型向技术密集型、资本密集型转变。第一产业具备较好的内部要素配置结构，当劳动力供给减少时，投资水平瞬间上升，生产要素能够实现相互替代；第二产业生产过程中劳动力供给与投资具有互补的特征；有效劳动供给冲击可在保证第三产业和全社会资本水平不受较大影响的前提下，优化第一、第二产业的资本要素投入水平。此外，三次产业中劳动力供给基本达到饱和状态，在生产过程中劳动力要素减少时，资本、技术能够起到补足的作用。

第五，在价格冲击下，三次产业产出水平随价格上涨先减少后增加，我国产业层面上存在着供大于求的不平衡特征，尤其是第一产业，这种供求不平衡持续时间大约为一年期；市场中的价格变量（资本品价格、利率和工资水平）随价格上涨表现出先下降后上升的特征。

第六，社会总产出的波动主要是由第二产业产出水平的波动引起的，并且主要受投资方面的调整成本影响，第一产业产出水平的变化反映了居民家庭消费偏好的重要性，第三产业产出水平的变化反映了税收结构优化的重要影响。社会总投资的波动主要由税收冲击、投资调整成本冲击来解释，其中，税收方面的波动主要来自第三产业的影响，投资调整成本方面的波动主要来自第一产业和第二产业的影响。社会平均通货膨胀率和各产业层面通货膨胀率的波动主要由价格冲击引起，工资加成冲击不起作用。社会总就业水平的波动主要由利率冲击、家庭偏好冲击和投资调整成本冲击来解释，其中利率冲击主要是通过第二产业实现的，家庭偏好冲击和利率冲击主要是通过第一产业实现的，此外，利率冲击也对第三产业产生影响。

第二节 研究展望

本书的主要工作是通过对最终产品和中间产品的产业差异性处理，构建中国产业化改进的 DSGE 模型，提出宏观经济动态产业效应测度的理论方法，并基于经验数据给出实证测度。本书在以下几个方面还可以进一步展开研究。

第一，可以进一步有区别地刻画三次产业生产过程。本书在理论模型构建过程中，假设三次产业具有相同的生产函数形式，产业结构特征仅从参数方面加以区别，没有考虑不同产业类型下生产投入方式的差异，尤其是中间产品的投入，对不同产业类型生产特点体现不足。因此，我们可以参考王佳（2011），在生产过程中加入中间投入，从生产函数形式直接加以刻画产业之间的差异性。

第二，居民的消费与不同产业产品的对应关系需要进一步展开讨论。本书在刻画不同产业类型下居民的消费优化选择时假设他们具有相似的预期效用形式，并且在预算约束中也将其同等对待，结果导致社会总消费水平和各产业的消费水平具有相同的方差分解结果，不同产业类型下的消费波动缘由相同，这可能存在缺陷，有必要对居民消费与不同产业产品的对应关系进一步讨论，这也是本书需要改进的内容。

第三，补充并丰富产业化改进的 DSGE 模型估计时所用的数据资料。主要表现在两个方面：一方面是补充近年来产业层面消费、资本、就业、生产总值构成、资本回报率等多个指标的数据，本书在估计消费跨期替代弹性时为获取统一口径的数据资料，多次使用了中国产业生产率（CIP）数据库，但其现在对外公开的数据资料是 CIP（2015），数据只更新至2010 年，而下次修改预定于 2017 年，但是目前尚无公开的数据，待新数据公布后可对该参数重新估计。另一方面是丰富贝叶斯估计过程中可观测变量的数据，在贝叶斯估计过程中，本书使用了 7 个关键宏观经济变量总量的季度数据，而非产业层面的季度数据，主要有两个原因：一是软件操作技术上要求可观测变量个数不得多于外生冲击个数，所以选择的可观测变量相对较少；二是产业层面上各变量的季度数据难以获得，鉴于这两点，有必要尝试新的估计方法。

参考文献

［1］ Adolfson, Malin, Stefan Laseen, Jesper Linde, Mattias Villani. Bayesian Estimation of an Open Economy DSGE Model with Incomplete Pass-through ［J］. Journal of International Economics, 2007, I （2）: 481-511.

［2］ Angelopoulos Konstantinos, George Economides, Apostolis Philippopoulos. First- and Second- Best Allocations under Economic and Environmental Uncertainty ［J］. International Tax and Public Finance, 2013, 20 （3）: 360-380.

［3］ Angelopoulos Konstantinos, George Economides, Apostolis Philippopoulos. What is the Best Environmental Policy? Taxes, Permits and Rules under Economic and Environmental Uncertainty ［R］. CESIFO Working Paper, 2010.

［4］ Annicchiarico Barbara, Fabio Di Dio. Environmental Policy and Macroeconomic Dynamics in a New Keynesian Model ［J］. Journal of Environmental Economics and Management, 2015 （69）: 1-21.

［5］ Aoki K., Proudman, Vlieghe. House Price, Consumption and Monetary Policy: A Financial Accelerator Approach ［J］. Journal of Financial Intermediation, 2004, 13 （1）: 559-641.

［6］ Bernanke B, Gentler M. Inside the Black Box: the Credit Channel of Monetary Policy ［J］. Journal Economics Perspectives, 1995, 9 （4）: 27-48.

［7］ Bernanke, Ben & Gertler, Mark & Gilchrist, Simon. The Financial Accelerator and the Flight to Quality ［J］. The Review of Economics and Statistics, MIT Press, 1996, 78 （1）: 1-15.

［8］Challe E. & C. Giannitsarou. Stock Prices and Monetary Policy Shocks: A General Equilibrium Approach ［J］. Journal of Economic Dynamics and Control, 2014（40）: 46-66.

［9］Christiano L J, Eichenbaum M. Current Real Business Cycle Theories and A ggregate Labor Market Fluctuations ［J］. American Economic Review, 1992, 82（3）: 430-450.

［10］Christoffel, Kai & Kuester, Keith & Linzert, Tobias, The role of labor markets for euro area monetary policy ［J］. European Economic Review, Elsevier, 2009, 53（8）: 908-936.

［11］Cristina Florina Badarau, Grégory Levieuge. Assessing the Effects of Financial Heterogeneity in a Monetary Union a DSGE Approach ［J］. Economic Modelling, 2011（28）: 2451-2461.

［12］De Grauwe P. The Scientific Foundation of Dynamic Stochastic General Equilibrium（DSGE）Model ［J］. Public Choice, 2010a, 144（3）: 413-443.

［13］Dedola L, Lippi F. The Monetary Transmission Mechanism: Evidence from the Industry Data of Five OECD Countries ［J］. European Economic Review, 2005, 49（6）: 1543-1569.

［14］F. P. Ramsey. A Mathematical Theory of Saving ［J］. The Economic Journal, 1928, 38（152）: 543-559.

［15］Finn Kydland, Edward C. Prescott. A Competitive Theory of Fluctuations and the Feasibility and Desirability of Stabilization Policy ［J］. Rotional Expectations and Economic Policy, 1980（4）: 169-198.

［16］Finn M G. Cyclical Effects of Government's Employment and Goods Purchases ［J］. International Economic Review, 1998, 39（3）: 635-657.

［17］Fischer Carolyn, Garth Heutel. Environmental Macroeconomics: Environmental Policy, Business Cycles, and Directed Technical Change ［J］. Annual Review of Resource Ecionomic, 2013, 5（1）: 197-210.

［18］Fischer Carolyn, Michael Springborn. Emissions Targets and the Real

Business Cycle: Intensity Targets Versus Caps or Taxes [J]. Journal of Environmental Economics and Management, 2011, 62 (3): 352-366.

[19] FR Lichtenberg. The Effect of Government Funding on Private Industrial Research and Development: A Reassessment [J]. Journal of Industrial Economics, 1987, 36 (1): 97-104.

[20] Frank Smets, Raf Wouters. An Estimated Dynamic Stochastic General Equilibrium Model of The Euro Area [J]. Journal of the European Economic Association, 2003, 1 (9): 1123-1175.

[21] Ganley Joe, Chris Salmon. The Industrial Impact of Monetary Policy Shocks: Some Styled Facts [R]. Bank of England Working Paper, 1997.

[22] Gary B. Gorton, Andrew Metrick. Regulating the Shadow Banking System [Z]. Brookings Papers on Economic Activity, 2010 (Fall): 261-297.

[23] Georgopoulos G., Hejazi W. Financial Structure and the Heterogeneous Impact of Monetary Policy across Industries [J]. Journal of Economics and Business, 2009, 61 (1): 1-33.

[24] Goodhart C., Boris Hofmann. House Price, Money, Credit and the Macroeconomy [J]. Oxford Reviews of Economic Policy, 2008, 24 (1): 180-205.

[25] Hamberg C. R&D. Essay on the Economics of Research and Development [M]. New York: Random House, 1966.

[26] Hayo B, Uhlenbrock B. Industry Effects of Monetary Policy in Germany [J]. Macroeconomics, 1999 (1): 127-158.

[27] Heutel G., Ruhm C. Air Pollution and Procyclical Mortality [R]. Work. Pap., Univ. of North Carolina at Greensboro, 2012.

[28] Hollander, H., G. L. Liu. The Equity Price Channel in a New-Keynesian DSGE Model with Financial Frictions and Banking [J]. Economic Modelling, 2016 (52): 375-389.

[29] James, Anton. Distributional Dynamics under Smoothly State—

dependent Pricing [J]. Journal of Monetary Economics, 2011 (58): 646-665.

[30] Jordi Gali, Tommaso Monacelli. Monetary Policy and Exchange Rate Volatility in a Small Open Economy [J]. The Review of Economic Studies, 2002 (3): 3.

[31] Lawrence J. Christiano, Martin Eichenbaum, Charles Evans. Nominal Rigidities and the Dynamic Effects of a Shock to Monetary Policy Proceedings [J]. Journal of Political Economy, 2005, 113 (1): 1-45.

[32] Leeper E M, Plante M, Yang S C S. Dynamics of Fiscal Financing in the United States [J]. Journal of Econometrics, 2010b, 156 (2): 304-321.

[33] Leeper E M, Yang S-C S. Dynamic Scoring: Alternative Financing Schemes [J]. Journal of Public Economics, 2008 (92): 159-182.

[34] Lubik T, Schorfheide F. A Bayesian Look at New Open Economy Macroeconomics [J]. NBER Macroeconomics Annual, 2005.

[35] Maryann P. Feldman, Maryellen R. Kelley. The Extant Assessment of Knowledge Spillovers: Government R&D Policies, Economic Incentives and Private firm Behavior [J]. Research Policy, 2006 (10): 1509 -1521.

[36] Massaro, Domenico. Heterogeneous Expectations in Monetary DSGE Model [J]. Journal of Economic Dynamics & Control, 2013 (37): 680-692.

[37] Matteo Iacoviello. House Prices, Barrowing Constraints, and Monetary Policy in the Business Cycle [J]. American Economic Review, 2005 (3): 739-764.

[38] McCallum B, Nelson E. Monetary Policy for an Open Economy: An Alternative Framework with Optimizing Agents and Sticky Prices [J]. Oxford Review of Economic Policy, 2000, 16 (4): 74-91.

[39] Nistica S. Monetary Policy and Stock-Price Dynamics in a DSGE Framework [J]. Journal of Macroeconomics, 2012, 34 (1): 126-146.

[40] Nordhaus W D. Managing the Global Commons: The Economics of Climate Change [M]. Cambridge: MIT Press, 1994.

［41］Nordhaus W. D. The Challenge of Global Warming：Economic Models and Environmental Policy ［R］. Working Paper，2007.

［42］Obstfeld M，Rogoff K. Exchange Rate Dynamics Redux ［J］. NBER Working Paper，1996（103）：624-660.

［43］Raddatz C，Rigobon R. Monetary Policy and Sectoral Shocks：Did the Fed React Properly to the High-tech Crisis? ［J］. National Bureau of Economic Research King Paper，2003.

［44］Ravn，S H. Asymmetric Monetary Policy Towards the Stock Market：A DSGE Approach ［J］. Journal of Macroeconomics ，2014（39）：24-41.

［45］Robert G King，Charles Plosser. Money Credit and Price in Real Business Cycle ［J］. The American Economic Review，1984，74（3）：363-380.

［46］Roland M，Benjamin N，Alessandri P. Shadow Banks and Macroeconomic Instability ［R］. Bank of England，2014.

［47］Stern Nicholas. The Economics of Climate Change：The Stern Review ［M］. Cambridge：Cambridge University Press，2007.

［48］Tena J D D，Tremayne A R. Modelling Monetary Transmission in UK Manufacturing Industry ［J］. Economic Modelling，2009，26（5）：1053-1066.

［49］安棋，王九云. 财政支出对交通产业经济增长的门槛效应研究——基于省际面板数据门槛回归分析 ［C］// 第九届中国软科学学术年会论文集（上册）. 北京：中国软科学研究会，2013.

［50］安苑，王珺. 财政行为波动影响产业结构升级了吗？——基于产业技术复杂度的考察 ［J］. 管理世界，2012（9）：19-35.

［51］卞志村，胡恒强. 中国货币政策工具的选择：数量型还是价格型——基于 DSGE 模型的分析 ［J］. 国际金融研究，2015（6）：12-20.

［52］卞志村，杨源源. 结构性财政调控与新常态下财政工具选择 ［J］. 经济研究，2016（3）：66-79.

［53］蔡宏波，王俊海. 所得税与中国宏观经济波动——基于动态随机一般均衡模型的拓展研究 ［J］. 经济理论与经济管理，2011（11）：39-46.

［54］曹永琴.中国货币政策行业非对称效应研究——基于 30 个行业面板数据的实证研究 ［J］.上海经济研究，2011（1）：3-15.

［55］陈昆亭，龚六堂.粘滞价格模型以及对中国经济的数值模拟——对基本 RBC 模型的改进 ［J］.数量经济技术经济研究，2006（8）：106-117.

［56］陈立泰，余春玲，王鹏.产业转移背景下的财政支出与服务业发展——基于 28 个省市面板数据的经验分析 ［J］.经济经纬，2012（5）：22-26.

［57］陈利锋.技能错配、不平等与社会福利——基于包含差异性技能的 DSGE 模型 ［J］.经济科学，2017（6）：58-71.

［58］陈平.产业结构调整与税收增长的协调性实证研究——基于广东省的数据检验 ［J］.对外经贸，2016（7）：75-80.

［59］陈师，郑欢，郭丽丽.中国货币政策规则、最优单一规则与宏观效应 ［J］.统计研究，2015（1）：41-51.

［60］陈小亮，马啸."债务—通缩"风险与货币政策财政政策协调 ［J］.经济研究，2016（8）：28-42.

［61］陈鑫，王华明，彭俞超.社会融资规模波动成因及其对宏观经济的反映——基于 DSGE 模型及其方差分解分析 ［J］.投资研究，2017（3）：36-51.

［62］储德银，纪凡.税制结构变迁与产业结构调整：理论诠释与中国经验证据 ［J］.经济学家，2017（3）：70-78.

［63］储德银，建克成.财政政策与产业结构调整——基于总量与结构效应双重视角的实证分析 ［J］.经济学家，2014（2）：80-91.

［64］崔百胜，丁宇峰.股价波动、社会福利与货币政策制定——基于中国 DSGE 模型的模拟分析 ［J］.财经研究，2016（1）：93-102.

［65］戴金平，金永军.货币政策的行业非对称效应 ［J］.世界经济，2006（7）：46-55.

［66］戴罗仙，黄娜.税收优惠政策与我国产业结构优化升级 ［J］.经济问题，2007（5）：106-108.

［67］董万好，刘兰娟．财政科教支出对就业及产业结构调整的影响——基于CGE模拟分析［J］．上海经济研究，2012（2）：41-52.

［68］封思贤，居维维，李斯嘉．中国影子银行对金融稳定性的影响［J］．金融经济学研究，2014（4）：3-12.

［69］高小红，苏玮．股价波动、货币政策规则与宏观经济波动——基于多部门NK-DSGE模型的研究［J］．经济评论，2017（2）：76-99.

［70］顾六宝，肖红叶．中国消费跨期替代弹性的两种统计估算方法［J］．统计研究，2004，21（9）4-8.

［71］郭杰．我国政府支出对产业结构影响的实证分析［J］．经济社会体制比较，2004（3）：121-126.

［72］洪昊，朱培金．财政和货币政策协调机制与宏观经济稳定——基于动态随机一般均衡框架的研究［J］．商业经济与管理，2017（3）：87-96.

［73］侯成其，龚六堂．货币政策应该对住房价格波动做出反应吗——基于两部门动态随机一般均衡模型的分析［J］．金融研究，2014（10）：15-34.

［74］侯杜娟．货币政策对三次产业的影响效应分析——基于货币供给量的实证分析［J］．西安财经学院学报，2013，（4）：32-35.

［75］胡爱华．基于新凯恩斯DSGE模型的我国财政政策效应分析［D］．华中科技大学博士学位论文，2012.

［76］胡小梅．财税政策对产业结构升级的影响机制与效应研究［D］．湖南大学博士学位论文，2016.

［77］胡志鹏．影子银行对中国主要经济变量的影响［J］．世界经济，2016（1）：152-169.

［78］黄宪，沈悠．货币政策是否存在结构效应的研究综述——基于中国信贷传导渠道的视角［J］．经济评论，2015（4）：148-155.

［79］贾敬全，殷李松．财政支出对产业结构升级的空间效应研究［J］．财经研究，2015（9）：18-28.

[80] 贾莎. 财政政策促进产业结构调整的经济效应研究 [D]. 武汉大学博士学位论文, 2012.

[81] 简志宏, 李霜, 鲁娟. 货币供应机制与财政支出的乘数效应——基于 DSGE 的分析 [J]. 中国管理科学, 2012 (4): 30-39.

[82] 金中夏, 洪浩. 开放经济条件下均衡利率形成机制——基于动态随机一般均衡模型 (DSGE) 对中国利率变动规律的解释 [J]. 金融研究, 2013 (7): 46-60.

[83] 康珂. 产业结构调整机制研究 [D]. 中共中央党校博士学位论文, 2014.

[84] 李波, 伍戈. 影子银行的信用创造功能及其对货币政策的挑战 [J]. 金融研究, 2011 (12): 77-84.

[85] 李春吉, 孟晓宏. 中国经济波动——基于新凯恩斯主义垄断竞争模型的分析 [J]. 经济研究, 2006 (10): 72-82

[86] 李宁. 利率市场化与货币政策传导——基于 DSGE 模型的分析 [J]. 货币时论, 2017 (1): 7-12.

[87] 李普亮. 产业结构调整与税收增长: 抑制还是促进 [J]. 税务与经济, 2016 (1): 67-74.

[88] 李霜, 简志宏, 邓伟. 汇率波动与货币政策选择——基于新开放经济 DSGE 模型的分析 [J]. 产业经济评论, 2015 (7): 61-71.

[89] 李文. 税收政策对产业结构变迁的影响: 需求角度的分析 [J]. 税务与经济, 2006 (1): 7-11.

[90] 李雪松, 王秀丽. 工资粘性、经济波动与货币政策模拟——基于 DSGE 模型的分析 [J]. 数量经济技术经济研究, 2011 (11): 22-33.

[91] 李悦诚, 林艳. 促进产业结构优化升级的税收政策研究——基于青岛产业结构与税负结构的分析 [J]. 国际税收, 2013 (1): 17-20.

[92] 梁斌. 收入分配差距对房地产价格的影响研究——基于差异性 DSGE 模型的模拟分析 [J]. 金融与经济, 2011. (6): 40-44.

[93] 廖国民, 钟俊芳. 中国货币政策的效力差异 (1978~2007) ——

以工业部门和农业部门为例［J］.当代经济科学，2009（1）：72-80.

　　［94］林立达.福建省产业发展历史演进及政策效应测度实证研究［J］.福建论坛（人文社会科学版），2015（5）：148-154.

　　［95］刘斌.我国 DSGE 模型的开发及在货币政策分析中的应用［J］.金融研究，2008（10）：1-21.

　　［96］刘翠.影子银行体系对我国货币政策工具规则选择的影响——基于 DSGE 模型的数值模拟分析［J］.财经论丛，2017（8）：55-64.

　　［97］刘慧慧.我国货币政策产业效应的非对称性研究——基于新能源产业的实证分析［D］.天津财经大学硕士学位论文，2017.

　　［98］刘建民，杨华.财政支出与产业转型升级的实证分析——以湖南省为例［J］.会计之友，2015（1）：88-90.

　　［99］刘兰凤，袁申国.中国经济金融加速器效应的 DSGE 模型分析［J］.南方经济，2012（8）：102-114.

　　［100］刘兰娟，董万好，徐鑫.财政科技投入对产业结构的影响——城镇化过程中劳动报酬占比的视角［J］.上海财经大学学报（哲学社会科学版），2013（4）：73-80.

　　［101］刘蓉.税收优惠政策的经济效应与优化思路［J］.税务研究，2005（11）：9-13.

　　［102］骆祚炎，罗亚南.多目标制货币政策框架下的信贷调控与流动性实时管理——基于六部门 DSGE 模型的金融加速器效应检验［J］.上海金融，2016（10）：13-19.

　　［103］马丽娟.开放经济条件下货币政策规则的理论模型与计量检验［D］.吉林大学博士学位论文，2012.

　　［104］马亚明，刘翠.房地产价格波动与我国货币政策工具规则的选择——基于 DSGE 模型的模拟分析［J］.国际金融研究，2014（8）：24-34.

　　［105］马亚明，徐洋.影子银行、货币窖藏与货币政策冲击的宏观经济效应——基于 DSGE 模型的分析［J］.银行业研究，2017（8）：54-64.

　　［106］毛丰付，李言.房产税改革会对经济产生冲击吗？——基于包含

差异性家庭的 DSGE 框架分析 [J]. 商业经济与管理, 2017 (10): 83-96.

[107] 毛泽盛, 万亚兰. 中国影子银行与银行体系稳定性阈值效应研究 [J]. 国际金融研究, 2012 (11): 65-73.

[108] 牛永青. 我国货币政策规则有效性评价——基于 DSGE 模型框架 [D]. 天津财经大学硕士学位论文, 2014.

[109] 牛永青. 中国收入初次分配结构及其国际再比较 (2003~2014) [J]. 经贸实践, 2007 (4): 7-9.

[110] 庞念伟. 货币政策在产业结构升级中的非对称效应 [J]. 金融论坛, 2016 (6): 16-26.

[111] 齐结斌, 胡育蓉. 环境质量与经济增长基于差异性偏好和政府视界的分析 [J]. 中国经济问题, 2013 (5): 28-38.

[112] 邱小安. 货币政策数量规则与价格规则在我国的适用性研究——基于 DSGE 模型 [D]. 江西财经大学硕士学位论文, 2015.

[113] 尚晓贺, 陶江. 财政科技支出、银行信贷与产业结构转型 [J]. 现代财经, 2015 (12): 99-109.

[114] 石奇, 孔群喜. 动态效率、生产性公共支出与结构效应 [J]. 经济研究, 2012 (1): 92-104.

[115] 宋继红, 刘松涛. 货币政策效应的行业非对称性——基于货币政策周期和我国八大产业的再检验 [J]. 金融理论与实践, 2014 (10): 9-16.

[116] 粟壬波. 财政政策规则及其宏观经济效应研究: 基于新凯恩斯 DSGE 模型 [D]. 湖南大学博士学位论文, 2016.

[117] 孙立新. 国际金融危机冲击与中国宏观政策反应效果研究——基于开放经济 DSGE-VAR 模型 [J]. 山东大学学报 (哲学社会科学版), 2016 (2): 35-45.

[118] 谭政勋, 王聪. 中国信贷扩张、房价波动的金融稳定效应分析——动态随机一般均衡模型视角 [J]. 金融研究, 2011 (8): 57-71.

[119] 谭政勋, 王聪. 中国信贷扩张、房价波动的金融稳定效应分

析——动态随机一般均衡模型视角 [J]. 金融研究，2011（8）：57-71.

[120] 唐琳，王云清，胡海鸥. 开放经济下中国汇率政策的选择——基于 Bayesian DSGE 模型的分析 [J]. 数量经济技术经济研究，2016（2）：113-129.

[121] 仝冰. 混频数据、投资冲击与中国宏观经济波动 [J]. 经济研究，2017（6）：60-76.

[122] 仝冰. 货币、利率与资产价格——基于 DSGE 模型的分析和预测 [D]. 北京大学博士学位论文，2010.

[123] 万莹，史忠良. 中国地区间税收负担率与产业结构关系的实证分析——以 2007 年数据为例 [J]. 首都经济贸易大学学报，2009（6）：21-24.

[124] 王保滔，张婷，杨一文. 财政政策的产业结构优化效应分析 [J]. 生产力研究，2014（5）：29-32.

[125] 王贺. 中国货币政策与制造业的关系——基于非对称性的产业效应视角分析 [J]. 东北师范大学学报（哲学社会科学版），2016，（3）：49-54.

[126] 王宏利. 财政支出规模与结构对产业结构影响的分析 [J]. 经济研究参考，2009（4）：29-40.

[127] 王佳，王文周，张金水. 部门冲击和整体冲击的经济影响分析——基于改进的中国 7 部门 DSGE 模型的数值模拟 [J]. 中国管理科学，2013（10）：15-22.

[128] 王佳. 多部门动态随机一般均衡模型的中国应用 [D]. 清华大学博士学位论文，2011.

[129] 王检，石大千，吴可. 财政支出效率与产业结构：要素积累与流动——基于 DEA 和省级面板数据模型的实证研究 [J]. 管理现代化，2016（3）：14-18.

[130] 王剑，刘玄. 货币政策传导的行业效应研究 [J]. 财经研究，2005（5）：104-111.

[131] 王君斌. 通货膨胀惯性、产出波动与货币政策冲击：基于刚性价

格模型的通货膨胀和产出的动态分析 [J]. 世界经济, 2010 (3): 71-94.

[132] 王胜, 孙一腾. 汇率传递与货币政策工具选择——基于开放经济的 DSGE 模型 [J]. 中国地质大学学报 (社会科学版), 2017 (5): 128-140.

[133] 王文甫. 价格粘性、流动性约束与中国财政政策的宏观效应——动态新凯恩斯主义视角 [J]. 管理世界, 2010 (9): 11-25.

[134] 王曦, 汪玲, 彭玉磊, 宋晓飞. 中国货币政策规则的比较分析——基于 DSGE 模型的三规则视角 [J]. 经济研究, 2017 (9): 24-38.

[135] 王晓天, 张淑娟. 开放条件下货币政策目标规则的比较——一个简单的理论框架与中国货币政策名义锚的选择 [J]. 金融研究, 2007 (4): 14-29.

[136] 王云清, 朱启贵, 谈正达. 中国房地产市场波动研究——基于贝叶斯估计的两部门 DSGE 模型 [J]. 金融研究, 2013 (3): 101-114.

[137] 温兴春. 投资者情绪变化、货币政策调整对股市涨跌周期的影响——基于差异性预期的股市 DSGE 模型 [J]. 中央财经大学学报, 2017 (8): 25-36.

[138] 吴兴弈, 刘纪显, 杨翱. 模拟统一碳排放市场的建立对我国经济的影响——基于 DSGE 模型 [J]. 南方经济, 2014 (9): 78-97.

[139] 吴智华, 杨秀云. "土地财政"与中国房地产市场波动——基于两部门 NK-DSGE 模型的研究 [J]. 中南财经政法大学学报, 2016 (5): 30-41.

[140] 武少芩. 我国税收收入与产业结构关系的对接分析 [J]. 经济问题, 2011 (7): 30-33.

[141] 武晓利, 晁江锋. 财政支出结构对居民消费率影响及传导机制研究——基于三部门动态随机一般均衡模型的模拟分析 [J]. 财经研究, 2014 (6): 4-15.

[142] 奚君羊, 贺云松. 中国货币政策的福利损失及中介目标的选择 [J]. 财经研究, 2010 (2): 89-98.

［143］肖红叶，程郁泰．E-DSGE 模型构建及我国碳减排政策效应测度［J］.商业经济与管理，2017（7）：73-86.

［144］肖红叶，郝枫．中国收入初次分配结构及其国际比较［J］.财贸经济，2009（02）：13-21.

［145］肖红叶．高级微观经济学［M］.北京：中国金融出版社，2004.

［146］肖卫国，刘杰．地方财政支出对文化产业发展的空间溢出效应研究［J］.投资研究，2014（12）：88-96.

［147］肖尧，牛永青．财政政策 DSGE 模型中国化构建及其应用［J］.统计研究，2014（4）：51-57.

［148］肖尧．我国财政政策效应模拟检验——基于 DSGE 模型中国化构建研究［D］.南开大学博士学位论文，2014.

［149］谢贞发，席鹏辉，黄思明．中国式税收分成激励的产业效应——基于省以下增值税、营业税分成改革实践的研究［J］.财贸经济，2016（6）：18-34.

［150］修国义，禹明明，陈晓华．我国电子通信设备制造业产业政策效应测度研究［J］.工业技术经济，2017（4）：139-145.

［151］徐高．基于动态随机一般均衡模型的中国经济波动数量分析［D］.北京大学博士学位论文，2008.

［152］徐琨，谭小芬．中国数量型与价格型货币政策的权衡协调——基于含银行资本约束与金融资产的 DSGE 分析［J］.投资研究，2016（5）：4-18.

［153］徐丽兰，黄阳平．基于 DSGE 模型的货币政策和财政政策效应研究［J］.泉州师范学院学报，2017（10）：86-95.

［154］徐涛．中国货币政策的行业效应分所［J］.世界经济，2007（2）：23-31.

［155］徐妍，郑冠群，沈悦．房地产价格与我国货币政笮规则——基于多部门 NK-DSGE 模型的研究［J］.南开经济研究，2015（4）：136-152.

[156] 许永现. 论税收调节产业结构的理论基础和现实基础 [J]. 中央财政金融学院学报, 1990 (5): 12-16.

[157] 许振明, 洪荣彦. 新凯恩斯 DSGE 模型与货币政策规则之汇率动态分析 [J]. 广东金融学院学报, 2008 (5): 5-27.

[158] 闫思. 全球的量化宽松货币政策对中国经济的影响——基于新开放经济宏观经济学视角 [D]. 东北财经大学博士学位论文, 2013.

[159] 严成樑, 吴应军, 杨龙见. 财政支出与产业结构变迁 [J]. 经济科学, 2016 (1): 5-16.

[160] 杨大楷, 孙敏. 公共投资与宏观经济结构的实证研究 [J]. 经济问题, 2009 (4): 21-24.

[161] 杨小海, 刘红忠, 王弟海. 中国应加速推进资本账户开放吗?——基于 DSGE 的政策模拟研究 [J]. 经济研究, 2017 (8): 49-64.

[162] 杨晓峰. 地方财政支出与产业结构优化的动态关联研究——基于 1999~2013 年中国省际面板数据模型的分析 [J]. 财贸研究, 2016 (2): 112-136.

[163] 杨熠, 林仁文, 金洪飞. 信贷市场扭曲与中国货币政策的有效性——引入非市场化因素的随机动态一般均衡分析 [J]. 金融研究, 2013 (9): 1-15.

[164] 姚凤民, 文生超. 广东第三产业现状及税收关系分析 [J]. 粤港澳市场与价格, 2014 (11): 26-29.

[165] 殷波. 中国经济的最优通货膨胀 [J]. 经济学 (季刊), 2011 (3): 821-844.

[166] 尹雷, 杨源源. 中国货币政策调控效率与政策工具最优选择——基于 DSGE 模型的分析 [J]. 当代经济科学, 2017 (7): 19-28.

[167] 于菁. 中国影子银行对宏观经济影响的作用机理研究 [D]. 东北财经大学博士学位论文, 2013.

[168] 于力, 胡燕京. 财政支出对我国产业结构升级的影响——基于 1978~2006 年省级面板数据的实证分析 [J]. 青岛大学学报 (自然科学

版），2011（4）：95-100.

［169］袁申国，卢万青. 中国货币政策行业投资效应的差异性分析
［J］. 经济经纬，2009（6）：9-12.

［170］岳超云，牛霖琳. 中国货币政策规则的估计与比较［J］. 数量
经济技术经济研究，2014（3）：119-133.

［171］张斌. 财政政策对产业结构动态冲击效应的实证分析［J］. 新
疆财经大学学报，2011（1）：43-48.

［172］张达平，赵振全. 新常态下货币政策规则适用性研究——基于
DSGE 模型的分析［J］. 经济学家，2016（8）：72-30.

［173］张杰平. DSGE 模型框架下我国货币政策规则的比较分析［J］.
上海经济研究，2012（3）：93-102.

［174］张良贵，孙久文，王立勇. 银行对金融加速器效应的影响——
来自 1992～2010 年中国数据的实证研究［J］. 经济评论，2014（3）：
100-115.

［175］张淑娟，王晓天. 货币政策产业效应的双重非对称性研究——
基于 STVEC 模型的非线性分析［J］. 金融研究，2016（7）：17-32.

［176］张同斌，高铁梅. 财税政策激励、高新技术产业发展与产业结
构调整［J］. 经济研究，2012（5）：58-70.

［177］张伟，郑婕，黄炎龙. 货币政策的预期冲击与产业经济转型效
应分析——基于跨产业 DSGE 模型的视角［J］. 金融研究，2014（6）：
33-49.

［178］赵晗，肖海翔. 产业集聚对我国经济周期波动的影响——基于
DSGE 的分析［J］. 商业经济研究，2016（19）：189-193.

［179］赵文哲，周业安. 基于省际面板的财政支出与通货膨胀关系研
究［J］. 经济研究，2009（10）：48-60.

［180］赵昕东，陈妙莉. 工业行业对货币政策反应的差异性研究
［J］. 学习与探索，2013（11）：86-90.

［181］郑丽琳，朱启贵. 技术冲击、二氧化碳排放与中国经济波动——

基于 DSGE 模型的数值模拟 [J]. 财经研究, 2012 (7): 37-49.

[182] 郑忠华, 邸俊鹏. 房地产与中国宏观经济波动——基于信贷扩张视角的 DSGE 模拟研究 [J]. 中国经济问题, 2015 (4): 33-46.

[183] 中国人民银行南昌中心支行课题组. 结构转型、劳动力迁移与房地产市场——基于多部门 DSGE 模型分析 [J]. 金融与经济, 2016 (10): 13-18.

[184] 周婷. 中国货币政策的行业非对称效应研究 [D]. 苏州大学硕士学位论文, 2017.

[185] 朱柏松. 基于 DSGE 模型的货币政策和财政政策联动机制研究 [D]. 华中科技大学博士学位论文, 2013.

[186] 朱军. 开放经济中的财政政策规则——基于中国宏观经济数据的 DSGE 模型 [J]. 财经研究, 2013 (3): 135-144.

[187] 朱军. 债权压力下财政政策与货币政策的动态互动效应——一个开放经济的 DSGE 模型 [J]. 财贸经济, 2016 (6): 5-17.

后 记

随着动态随机一般均衡（DSGE）模型内容的不断扩展与深化，在计算机运行速度不断提高和贝叶斯估计方法不断改进的有利条件下，DSGE模型理论方法逐渐成为宏观经济分析的主流方法，得到飞速发展与广泛应用。与传统的宏观经济分析方法相比，DSGE模型综合了动态优化、随机冲击和一般均衡分析理论，有效地避开了卢卡斯批判，其显性的建模框架、宏微观的完美结合以及长短期分析的有机整合等特征日益受到研究者的青睐。然而其模型构建框架的通性也逐渐被研究者们所诟病，学者们在模型扩展方面也倾注了大量工作，本书即是在产业层面扩展应用的初探。

本书的写作是在不断验证、反复调试的基础上形成的。从书稿选题到文献综述、模型构建、数据收集、模拟分析，以至最后的成稿修改，历经了数次的回炉翻新和重复修改，书稿的完成离不开我的导师、单位领导、同事和家人的鼓励、帮助与督促。回首书稿写作这三年生活，感慨良多，在本书付梓之前，借此机会，向大家表达我最诚挚的谢意。

首先，衷心感谢我的导师肖红叶教授。肖教授是我步入学术圈的引领人，在专业素质、独立科研能力等方面对我严格要求、悉心指导。在书稿写作过程中，肖教授投入了极大的热情和心血，从书稿选题到试验模拟、框架编排，以至最后的讨论修改，肖教授自始至终都不厌其烦地一一指导，在此，向肖教授表示崇高的敬意和感谢。

其次，我还要用最诚挚的心意感谢我的领导和同事们。2018年博士毕业后，我有幸进入了河南财经政法大学统计与大数据学院工作，院长刘定平教授、副院长周福林教授在教学和科研方面都给予了我耐心的指导和大力支持，且在2019年底鼓励并推荐我担任经济统计学教研室主任一职，刘定平教授更是在书稿写作中给予了资金支持。同时还要感谢同事们在工作和生活上的支持、帮助与鼓励，在这样一个有爱、有力量的组织内工作是我莫大的荣幸。

最后，感谢我挚爱的家人，他们是我最坚强的后盾，也是我最温暖的港湾。是他们在我最困难的时候支持我，帮我尽快走出困境。他们给予我的鼓励和支持，以及默默付出使我得以全心投入学习与工作中。感谢他们在生活，特别是精神上的支持，才使这本书能尽早面世。

《礼记·中庸》十九章有云："博学之，审问之，慎思之，明辨之，笃行之。"这句话阐明了为学的几个层次，学术道路无止境，我所能做到的，就是一步一个脚印踏实前进，探索自己心中的每一个未知。

由于本人才学所限，本书还存在相当多的疏漏与遗憾，不足和浅显之处恳请各位专家、学者批评指正。

牛永青

2019年12月